设计思维
系列丛书

WeQ More Than IQ
Abschied von der Ich-Kultur

社群思维

用WeQ超越IQ的价值

[德] 彼得·施皮格尔（Peter Spiegel）等著
谭琳 译

机械工业出版社
China Machine Press

图书在版编目（CIP）数据

社群思维：用 WeQ 超越 IQ 的价值 /（德）彼得・施皮格尔（Peter Spiegel）等著；谭琳译. —北京：机械工业出版社，2017.9
（设计思维系列丛书）
书名原文：WeQ More Than IQ：Abschied von der Ich-Kultur

ISBN 978-7-111-57739-3

I. 社… II. ①彼… ②谭… III. 企业管理－研究 IV. F272

中国版本图书馆 CIP 数据核字（2017）第 192947 号

本书版权登记号：图字：01-2017-3104

社群思维：用 WeQ 超越 IQ 的价值

出版发行：机械工业出版社（北京市西城区百万庄大街 22 号 邮政编码：100037）
责任编辑：杜若佳
责任校对：殷 虹
印 刷：北京诚信伟业印刷有限公司
版 次：2017 年 9 月第 1 版第 1 次印刷
开 本：147mm × 210mm 1/32
印 张：5.5
书 号：ISBN 978-7-111-57739-3
定 价：49.00 元

凡购本书，如有缺页、倒页、脱页，由本社发行部调换
客服热线：（010）68995261 88361066 投稿热线：（010）88379007
购书热线：（010）68326294 88379649 68995259 读者信箱：hzjg@hzbook.com

“我们面对着
令人震惊的机会，
只是它们乔装打扮成了
无法解决的难题。”

约翰 W. 加德纳

目录

WEQ MORE THAN IQ

Abschied von der Ich-Kultur

导言

WEQ MORE THAN IQ

Abschied von der Ich-Kultur

站在岔路口：重回个体文化还是向社群文化突破

什么？我们应该准备告别以个体为中心的文化？难道我们现在不是再次面临着刚好相反的情况吗？变化太多、太快、太过翻天覆地，改变带来的不安全感令人心生恐惧，这种感觉岂不是会驱使着我们做出那个人尽皆知的古老的抓握反射动作，去抓紧我们的个人利益，就像抓住一根救命稻草？“以我为先”的本能难道不会重新占据上风？而当我们提起“社群”这个字眼的时候，它的含义难道就不会缩小成界限分明的封闭群体？不会收缩成自私自利的“以我们这个小团体为先”的想法？我们难道不会抱着这样一个既不开放也不全面的“社群”概念，只把它当成自我防御和贬低他人的工具，去针对那些貌似威胁到我们自身利益和特权的事物？

我们可以罗列出很多具体现象来证实上述观点，这张单子很长、很有分量。面对这些实实在在的感受，我们无法视而不见。如果我们希望严肃地、满怀热情地去追求共同学习的过程，就真的不能忽略这些感受。在这个过程中，我们将恍然大悟：再这样，驻足于陈旧的“个体文化”是多么短视、多么不明智，甚至可以说是愚蠢。

我们正站在一个岔路口，何去何从，必须做出决定。我们究竟应该听从这样的观点，一方面将世界看作一个角逐场，个体之间的竞争永不停歇，个体的优势必须实现；另一方面则是永无止境的社群竞争的写照，人们为了自己的利益团体而组织起来，目的是实现利益最大化？还是遵循另一种逻辑，揭开上述两种思想方法的真相，认清它们是极大的历史谬误，我们终于到了永远摈弃它们的时候？

写作本书的初衷，是我坚信在面对根本性的抉择，关系到我们思想和行为的基本方向时，我们不能再依靠哲学思辨式或是伪科学式的解释。我们已经不再局限于在这两种交替出现、互相掺杂的思维定式之间做取舍，而是可以将两个真实存在的现实放在一起，互相比较，并在此基础上做出选择。

有一个新的事实十分重要：近年来，许多人不仅从心底里希望摆脱以自我为中心的思维方式，告别个体文化世界，而且真正发展出了从群体的角度进行思考，基于社群文化的创新项目、社群、企业以及整体基础设施，这样的人还在迅速增多。针对这一趋势，未来学研究者杰里米·里夫金（Jeremy Rifkin）[一]认为，从群体角度出发的社群文化将会塑造一个全新的经济世界，到2050年，这些彻底的创新形式将覆盖全球经济总量的一半以上。其实，今天，一个多姿多彩的社群文化世界已经呈现在我们眼前，它将以有声有色的方式帮助我们做出选择。我们究竟是要固守着陈旧的自我模式，还是选定新的方向？ WeQ 大于 IQ。

WeQ 世界是一个真实的存在，本书抽丝剥茧，仔细追踪着它的蛛丝马迹，并将它呈现给大家，以便大家理解它，而更重要的目的是让每个人都能够走近它。阅读本书之后，人人都可以十分轻松地做出决

[一] 杰里米·里夫金（Jeremy Rifkin），美国经济社会评论家、未来学家，美国华盛顿特区经济趋势基金会总裁。他曾出版多部畅销著作，内容有关科技进步对经济、劳动力、社会以及环境的影响。他的作品包括《纽约时报》畅销图书《第三次工业革命》《移情文明》《氢经济》《欧洲梦》等，以及新著《零成本社会》。他是欧盟第三次科技革命长期经济可持续性计划的主要倡导者，该计划旨在解决全球经济危机、能源安全与气候变化的三重挑战。——译者注

定，从社群文化的世界中一点点学习，按照适合自己的节奏和程度逐步调整自己的生活。

这个建立在社群思维基础上的世界，其自身在不断创造性地继续发展，它绝不是一个所谓的平行世界。从根本上来说，这个世界不会把任何人拒之门外，而是一直“伸出双臂”，邀请来自社会各个领域、各个角落的每一个人加入，它以开放的态度欢迎背景和经验千差万别的人参与其中。在社群文化意义上形成的社群并不是排他性的，从原则上来说，这是一种开放式的、包容性的社群。

本书描绘了一个令人震惊的发展过程，一次文化转型意义之重大，无出其右。这些内容来自我对种种社会创新现象的深入研究和思考。社会创新的各种思路本身蕴含着巨大的潜力，能够加强每一个人的行动能力，为他们积极参与社会、经济和政治领域的创造性活动提供更多机会。社会创新的发展并不需要全新的模式，像合作社、解放运动、公民权利与人权、托幼机构、社会保险等很多都是我们十分熟悉的模式。在过去，要间隔相当长的一段时间才会周期性地出现某种具有革命性意义的社会创新形式，然而最近几年来，真正激动人心的改变世界的社会创新如潮水般涌来，连绵不绝，已经发展成为一场全球性的运动。时至今日，我们已经拥有了丰富多彩的社会创新文化，尽管广大的公众群体才刚刚开始将它融入现实生活。

这一新的发展趋势已经在政策层面得到了认可，比尔·克林顿在白宫直接设立了一个办公室，作为专门负责社会创新的职能机构。2013 年，G7 各国政府委托国际专家，为快速有效地实施社会创新方案寻找全新的融资渠道。2015 年 1 月，德国总理默克尔邀请全球 120 位领先的社会创新者齐聚联邦总理府，在会谈中，她表示，自己已经清楚地认识到，对于德国的未来以及整个世界的未来，社会创新与技术创新和数字化创新至少有着同等重要的地位。

随着社会创新的发展，在一个独辟蹊径的经济文化氛围中出现了许多全新的商业模式和现象。由全球最大的社会创新者支持机构阿育王组织[一]（Ashoka）和

[一] 阿育王组织（Ashoka）：由比尔·德雷顿（Bill Drayton）1980 年创立的促进社会创新发展的组织。如今，它已经是全球领先的社会企业家培育组织，这些社会企业家为紧迫的社会问题提供解决方案。Ashoka 每年投入 3000 多万美元在资金以及专业技术上支持社会企业家创业，30 多年来，已经孕育出 3000 多名社会企业家，遍布 70 多个国家。“阿育王”这一名字是为了纪念公元前 3 世纪统一印度大陆的、一生致力于提高社会福利和促进经济发展的国王阿育王（Emperor Ashoka），他以创造力、开放思想和宽容精神成为世界上公认的社会改革先驱。——译者注

麦肯锡（McKinsey）共同进行的一项研究显示，以社会创新为焦点的商业模式已经创造了超过 10 000 亿美元的产值。

然而，真正的变化走得更远、更深入。未来学研究者霍斯特 · 奥帕斯沃斯基（Horst Opaschowski）在一份 2014 年年底发表的调查报告中给出了如下结论：86% 的德国人希望告别一个“小我的社会”。他们已经意识到，以个体为中心的文化无论对整个社会，还是对他们个人都毫无益处，虽然他们心里并没有清晰的概念，但若非如此，又当怎样。在大多数人的心目中，这还只是一种模模糊糊的感觉，他们对此感到有所欠缺，但他们必须迫切地朝着某个方向发生某种变化。

更多的调查结果都支持这一趋势，我们需要彻底的变革。2015 年年初，网络研究专家彼得 · 克鲁泽（Peter Kruse）发起了一个规模庞大、有多重视角的研究项目——“变迁中的德国”，他得出了如下结论：“在我们的社会中，共同价值观和共同信念的文化纽带已经绷紧，即将断裂。”他所指的是在基本方向上个体文化和社群文化的对决。这份研究报告揭示了一个令人震惊的事实：在德国，有 2/3 的顶级职业经理人已经意识到，文化上的彻底转变——由个体文化转向社群文化，不仅涉及我们社会的生死存亡，而且对他们自己的企业，甚至对每一个企业都同样如此。这些经理人是在一种强调自我的职业文化中成长起来的，如果就连他们当中也已经有 75% 的人认识到必须将强制性的文化转型当作他们管理企业最重要的任务，那我们无论如何都不能再以为告别以自我为中心的文化只不过是那些不通世务的道德腐儒们的幻想了。

正因为对如何实现这一转型还没有一个明确清醒的认知，所以，究竟应该“如何”以社群文化为导向来制定策略，就成了我们最重要的任务。

彼得·施皮格尔

2015 年 8 月于柏林

第1章

WEQ MORE THAN IQ

Abschied von der Ich-Kultur

WeQ 超越 IQ

释义

在蓬勃发展的社会创新以及其他更多新的代表着社群文化的现象当中，已经明确出现了根本性的转变，为了给这种转变找到一个适合的定义，2014 年年初，我起意创造了“WeQ”这一新词，暗含“WeQ 超越 IQ”的文字游戏。在这个语境里，“IQ”不是指我们通常理解的“智商”，而是指“我商”。与之相对的“WeQ”则代表“众商”，从以团队为导向直至以整个人类的共同福祉为导向。“IQ”一词隐含着它的原意“智商”，这当然也是我们刻意想要达到的效果，这一暗示清楚地表明，在我们的定位从“I”（自我）拓展到“We”（我们）的过程中产生了一个新的智力因素。

在与脑科专家杰拉尔德·许特（Gerald Huether）[一]、基金会创办人和心理学家海尔格·布朗宁（Helga Breuninger）[二]、创新专家乌尔里希·温伯格（Ulrich Weinberg）[三]、IT和社会企业家大卫·迪亚洛（David Diallo）、社会企业家玛丽安·奥伯米勒（Marianne Obermüeller）、媒体人彼得·费利克斯伯格（Peter Felixberger）和戴特莱夫·古尔特勒（Detlef Guertler），以及更多思想领域的先行者们交流的过程中，我产生了这样的想法：朝着众商方向的文化转折已经在越来越多的地方露出端倪，我们要将这一现象带进公众视野，让大众真正意识到这一转折的发生。

㊀ 杰拉尔德·许特（Gerald Huether）：德国神经生物学家和脑科专家，哥廷根大学教授。1951年生于图林根州埃姆本，毕业于莱比锡大学生物专业，1988年在哥廷根大学获得医学博士学位，此后一直从事研究和教学工作，并出版了多部畅销科普作品，包括：《人脑使用说明》（*Instructions for Use of the Human Brain*）、《我们是什么，我们能做什么》（*What We Are and What We Could Be*）、《让孩子玩耍，孩子需要生根》（*Let Our Children Play, Children Need Roots*）等。——译者注

㊁ 海尔格·布朗宁（Helga Breuninger）：1947年出生于斯图加特，心理学博士，著名的布朗宁百货集团家族第四代。1980年创立了海尔格·布朗宁基金会，资助项目包括埃森大学的一所研究和培训学院。——译者注

㊂ 乌尔里希·温伯格（Ulrich Weinberg）：德国波茨坦大学HPI设计思维学院院长、教授。曾活跃于电视设计、3D动画领域。近年来广泛阐述数字化转型、设计思维、网络思维及协同合作与学习的文化。著有《网络思维》一书。目前担任众商基金会联合创始人和董事会主席。——译者注

我们共同发起了 WeQ 倡议，目标是将众商思维中特别有价值的案例公之于众，让人们熟悉并初步创建基础设施环境和条件。我们希望不仅能以此支持每个人自身的转变，同时能够支持各个群体、组织乃至整个社会完成这一全方位的文化转变。

作为第一步，2015 年 5 月，上述各位同人共同创建了众商基金会（WeQ Foundation），旨在推动并协调初期的 WeQ 计划。到目前为止，这个圈子里的倡议者们已经出版了若干读物，本书正是这一系列出版物之一，初衷是向读者叙述我个人接近众商世界的过程和对众商的理解，以期邀请尽可能多的人参与众商文化转折的思考与行动。

柏林艺术大学的五人学生团队成员包括艾丽莎·赫尔茨勒（Elisa Hertzler）、德宝拉·特劳茨（Deborah Trautz）、扬·提尔特格斯（Jan Thieltges）、盖瑞特·拜尔斯多夫（Gerrit Beiersdorf）和莫娜·布鲁伊曼（Mona Breulmann），他们组建了一个“平行办公室”，进行了一项为期六个月的研究工作，在项目的初期阶段协助我们的首倡者团队，为这一雄心勃勃的计划设计了一套沟通理念。

尽管“众商”这个人造的合成词很快得到了社会

各界的肯定和认可，但是与此同时，朋友们还是提醒我们，使用这个词存在着一定的风险。历史上，“群众”这一概念曾被一再滥用，为希特勒和斯大林时代极权控制下的集体主义，甚至为某些围绕着上师的宗教团体服务。因此，我们必须尽早阐明“众商”的真实意义，弄清楚“众商”究竟代表什么、不代表什么。这一点十分重要，平行办公室团队承担了这个任务。

经过大量细致的调研工作，平行办公室团队就“WeQ”（众商）这一概念的使用给出了最终建议，简短描述如下：

WeQ 指的是“我们”——众商。

其实非常简单，其独特之处就在于：众商为我们每一个人提供了更大的价值。面对关注的问题，我们共同思考并行动能产生更大的效力。众商为直达目标铺平了道路，携手合作将带来真正出色的工作成绩。

众商是团队和流程

众商是平起平坐的交流

众商是在团队中共同学习

众商是参与和融合

众商能发挥出每个人的潜能

众商将我们的知识联结成网络

众商代表着一个开放的结果

众商站在所有人的立场来思考这个世界

因此，众商能力将成为变革的发动机。众商使人们能够在相互信赖的前提下共同寻找强有力的解决方案，令创造和革新如虎添翼。共同努力，克服挑战，并且继续思考这个世界——这就是众商。

我们的倡议者团队和平行办公室经过多次交流研讨后，共同筛选出了一系列核心价值，它蕴含在这段简短的说明文字中：

以群体为导向，同时加强团体和个人的自主性。通过强化每一个人的众商能力产生一种新的群体能力，一种崭新的群体智慧能力。与此同时，作为个体，每个人的潜力都能得到更强的发挥，个人自主性也能得以发展。WeQ 并非 IQ 的对立面，而是超越了 IQ，因此从结果来看，也等同于更高的IQ。

强化以团队为中心的定位。在一个运转正常的团队流程中工作，能够加强每一个人、每名团队成员的各项能力，与目前将重点完全放在个人业绩上的方式相比，能产生更具创造性和整体性的成果。

强化以公共利益为中心的定位。将目光放在公共利益上，跟随着大的发展趋势，每一个人的利益都会得到认真对待，个人利益将被融入更和谐、更持久、更全面、更有效的解决方案中去。

加强参与程度。把被动卷入的当事人转变成主动的参与者，能够带来更好的认知、更好的接受程度，并取得更好的结果。这就是说，在我们社会的一切层面构建起一种更加民主的文化。

创造空间，提供机会。众商是以价值为导向的，但它并非通过强制规范化的权威性方式去实现这些价值，而是为人们创造空间，让人们自己认识到众商导向的价值所在，并使他们能够发挥个人的众商能力。众商不是

> 高谈阔论，而是一个邀请的“手势”，在这个动作背后，我们可以清楚地看到一种诚挚的态度。
>
> 拓展联结能力。符合众商标准的交往和活动注重的是能将所有人联结在一起，力求通过提供丰富多彩的活动和项目来吸引每一个人加入。

对于所有这些众商的核心价值来说，无一例外：“众商是一种态度，必须身体力行。尽管我们可以利用一系列核心价值来定义它，但是只有在亲身体验的过程中，才能充分理解它的内涵。”由此，我们可以得出结论：“要想通过体验的方式将众商引入这个世界，我们就必须努力采取尽可能直接的方式来介绍它、传播它。从策略角度来说，空洞的语言和描述必须相应地退后。”

平行办公室团队利用童话的形式象征性地表达了这个观点，这篇童话在本书的末尾；海尔格·布朗宁则在平行办公室先期工作的基础上，制作了一张图表，收入其写作的章节“众商发展线”中，形象地展示了通过适当的众商类型来实现的经验流程。

此外，由平行办公室制作的对比表格也能帮助我们加深理解：

IQ	WeQ
20 世纪	21 世纪
个体	群体
等级制度	平级制度
结果	流程
评分 / 标准化	感受 / 理解力
百科全书	网络
竞争	相互关系
自上而下	由下至上
一对多	多对多

众商是隐藏在当前各种单一潮流背后的真正具有决定性意义的大趋势吗

在当前社会中，各种意味着众商大趋势的潮流相继出现，为了评估它们出现的领域和发展的态势，平行办公室团队进行了认真的观察，筛选出符合众商特征的单一潮流和动向，并分析了它们各自的现状和意义。在这一过程中，我们参考了各大趋势研究机构（如 TrendOne[一]、麦肯锡公司或马蒂亚斯·霍克斯（Matthias Horx）[二]未来学研究所）的相关研究项目，特别参考了后者于 2015 年发布的研究报告“新型众商文化”以及谷歌学术搜索（Google Scholar）[三]和谷歌搜索趋势（Google Trends）[四]的搜索结果评估。

由此设计出来的众商趋势地图包含了三个层面的内容：各个社会领域、各个专题领域以及各种潮流动向。我们分别在社会的教育、福利、经济、生态环境、媒体和政治等各个领域，在价值观转换、教育部门的转变、融合与分享、社群的意义、环境意识、气候变化、职场中的变化、富有社会责任感的企业家群体、新型组织文化和领导文化、人口结构

[一] TrendOne：总部位于德国汉堡的一家未来趋势研究机构，主要提供与趋势相关的各类咨询服务。——译者注

[二] 马蒂亚斯·霍克斯（Matthias Horx）：生于 1955 年，是欧洲最有影响力的趋势与未来研究专家，曾任 Tempo 和《时代周报》编辑，出版过很多关于价值转变、科技转变、文化、趋势研究与未来学的畅销书。——译者注

[三] 谷歌学术搜索（Google Scholar）：是一个可以免费搜学术文章的网络搜索引擎，由计算机专家 Anurag Acharya 开发。该项索引包括世界上绝大部分出版的学术期刊。——译者注

[四] 谷歌搜索趋势（Google Trends）：旧称谷歌搜索解析（Google Insights for Search），是谷歌公司开发的一项服务，用于分析用户在谷歌中搜索过的条目。可以对数个不同条目的搜索行为进行比较，也可以针对一个条目在不同地区和时间上的搜索行为进行比较，还可以提供一些条目未来的搜索趋势预测。——译者注

变化、信息社会、媒体世界中的变化、数字化、数据保护、全球化以及资本主义的转折等主题范围内，分类识别出几百种相关的潮流动向。以下是其中几例：开放源代码（open source）、开放性创新（open innovation）、分权（decentralisation）、在线学习（online learning）、集体智慧（collective intelligence）、协同共享（collaborative commons）、众筹（crowdfunding）、众包（crowdsourcing）、共同创造（co-creation）、共享经济（sharing economy）、Y世代（generation Y）、人际网络（networking）、协作（collaboration）、共同工作（coworking）、工作与生活之间的平衡（work-life-balance）、社会创新（social innovation）、社会影响量度（social impact measuring）、社会企业（social entrepreneurship）、多样性管理（diversity management）、由下而上的流程（bottom-up）、蓝色经济（blue economy）、从摇篮到摇篮的理念（cradle to cradle）、资源导向、大数据（big data）、世界主义（cosmopolitanism）、妇女地位变化（female shift）以及更多其他的实例。

在吉尼西斯创新研究院（Genisis Institute）的一项内部调研中，我们在短时间内找出了200余种近年来出现的符合众商思维的新的潮流动向。以此为基础，我们进一步讨论了众商本身是否符合未来学研究者马蒂亚斯·霍克斯对大趋势所给出的定义。毋庸置疑，答案是百分之百肯定的。

接下来，我们讨论的内容是众商这一趋势是否同样经得起所谓康德拉季耶夫长波（Kondratiev waves）㊀理论标准的验证。经济学家尼古拉·康德拉季耶夫（Nikolai Kondratiev）发现，历史上大的创新浪潮每次大约间隔 50 年，呈周期性出现，就在从这一次到下一次创新革命的跃升阶段，这些创新浪潮彻底改变了经济和社会生活的根本面貌。迄今为止，出现过的康德拉季耶夫周期，它们的基础分别是蒸汽机的发明、铁路的发明、电子技术和重型机械的发明、自动化技术和计算机技术的发明，以及最近这一次的信息与通信技术的发明。除最后这个周期，其余的长波周期都可以被看作工业革命的不同分级阶段。最近这个周期始于大约 25 年前，今天我们称之为“数字

㊀ 康德拉季耶夫长波（Kondratiev waves）：又称长波或 K- 波，是苏联经济学家康德拉季耶夫在其著作《大经济周期》中提出的经济理论。康德拉季耶夫长波是一种约 50 ~ 60 年为一循环的经济周期现象。一般将长波分成两段：上升的 A 阶段与下降的 B 阶段。康德拉季耶夫将长波的 A 阶段对应到过度的投资，由此带来价格与利率的上升，B 阶段则反之。后来的多数长波理论学者同意，自工业革命以后，已经历了五个长波，而第六个长波即将展开。——译者注

革命”（the digital revolution）。毫无争议，这个与数字化相结合的创新周期将会再次远远超越以往任何一次。

目前，未来学研究专家已经开始致力于探讨这样一个问题：究竟是哪一种创新将成为下一个长波周期的基础？被纳入讨论范围的有生物技术、纳米技术、机器人制造技术、与可再生能源相结合的资源效率，以及云计算和物联网技术。可是，引领新趋势的难道必定是又一次技术上的某种创新吗？

迄今为止的工业技术革命，通过种种正面以及负面的表现形式如何从根本上改变了人类的行为方式，对此，我们所有人都有一个大致的概念。同样，对于数字革命的革命性力量，我们也能够认识到，它已经彻底地改变了我们的生活，并且还有更多广泛而深远的变化即将到来。然而，我们当中的绝大多数人对工业技术革命以及数字革命更有可能抱着一种矛盾的心理。抛开毋庸置疑的积极效应不提，它们造成的毁灭性现象和无法解决的副作用实在太大，因此我们面临着这样的挑战：工业革命和数字革命彻底拓展了人类行为方式的广阔世界，我们能够如何负责任地、人性化地、持久地塑造它？换一句更符合逻辑的话来说就是：正因为技术上的彻底变革和人类随之获得的崭新的行动力量，我们是否需要一场同样彻底的个人责任和社会责任的革命呢?

好消息如下：恰恰是这样的革命，如今已经拉开了序幕。我们可以将其称作人的革命、人际革命或者是社会革命，也可以叫它众商革命（WeQ-Revolution）。到目前为止，革命的背后，最大的驱动力都是深层次的技术和数字化创新，而社会革命，或者说众商革命，最重要的驱动力则是所谓的社会创新（social innovation）。“社会”一词，在这里沿用了英文中“social”的含义，因此它囊括了我们所理解的形形色色与人有关的创新活动，即从人际关系到社会责任乃至整个社会的创新。在本书下面的章节中，我们还将一一阐明它们各自的含义。

我们的众商团队得出明确结论：继数字化和数字革命之后，下一个康德拉季耶夫周期将源自社会创新的新浪潮，它的本质正是众商革命。

众商革命的核心特征就像社会创新一样，是一种全新的能力，一种尊重对方、尊重周围的人，进而尊重每一个人的能力。每个人都应该有机会发展进步成为最好的自己，每个人都理应得到大家的全面关注，每个人都拥有未曾完全开发出来的巨大潜力，因此人人都能够而且应该有意义、有价值地发挥自己的潜力。如果我们能够这样来理解共同相处之道，由此出发，不仅每一个人都能最大限度地发展自我，同时我们将能够赢得最为有利的共同发展空间。

由竞争思维彻底转向合作模式，转变为建立在平等基础上的思考和行动，转向网络和团队，这体现了一种观念上的变化。与个人能力和智慧相比，群体智慧成为新的决定性因素。

谈到此处，我们不能不提及达尔文的“适者生存”学说，一直以来，这一学说被反复援引，用来强调以自我为导向的合理性。然而，按照达尔文本人的理解，演化过程中最优秀的适者其实并非那些最强壮有力、最无所顾忌的人，而是面对眼前的挑战最有适应能力的人。30多年前，约斯特·赫比希（Jost Herbig）㊀就已经在他的畅销著作《始于语言》中重新诠释了演化史：演化的历史就是不断提升的交流能力与合作能力取得成功的历史。这非但不能证明竞争思维的合理性，反而恰恰提供了其反面证据：“人类演

㊀ 约斯特·赫比希（Jost Herbig，1938—1994）：德国著名科学评论家及艺术收藏家。——译者注

化之父不是战争。塑造人类的既非对抗，也不是权力欲和占有欲，而是合作、分享和沟通、体谅。最初推动人类进步的既不是武器，也不是工具，一切之始是语言。”

同样，合作模式下的思维，不能局限于对“我们”这个群体的片面理解，不能在“我们”与常常事先定义好的“你们”之间划上一道泾渭分明的线。“我们”的概念应该更为广泛、全面，并以公共利益为导向，因为我们清楚地认识到，无论是人类还是我们这个赖以生存的共同家园——地球，都是一个不可分割的整体。个人的幸福与他人的幸福，最终与全人类的福祉无法分离。为人类的共同福祉而努力，终将最大限度地提升个人的福利，并最好地发挥我们每一个人的个体价值。

明确地尊重周围的人，将每一个人都当成“一座蕴含着丰富宝石矿藏的矿山”，把每一次与每个独一无二的个体的互动都当成互相向对方学习，并创造集体智慧的绝佳机会。抱着这种全新的心态，将会给人类的创造力，无论是个体还是群体的创造力，都带来惊人的拓展。

人类演化至今出现的所有表现形式都将在这个社

会中革命，或者说众商革命的过程中被一一检视，并从根本上提出新的有异于以往的答案。

来自社会领域的种种挑战将不再是一连串堆积如山的看似无法解决的问题，而是被看作真诚的邀请，邀请大家尽情发挥人类的想象力，创造多种多样的社会创新形式——这完全契合开篇引用的约翰 W. 加德纳（John W. Gardner）[㊀]话中表达的含义："我们面对着令人震惊的机会，只是它们乔装打扮成了无法解决的难题。"如此一来，在我们心目中来自社会领域的挑战将不再是慈善机构和社会责任的命题，而是发展成为社会创造力的命题，是推动人类进步的宝贵的动力。

创新的世界将不再由技术革新"一统天下"，通过社会创新，这个崭新的"天地"会变得更为丰富多彩，无论从规模还是价值来看，这些社会创新具备的巨大能量和积极意义都令人难以置信：我们将越来越多地以其对社会创新的服务功能为标准，对技术创新和数字化创新进行评估并分类。即使在生态方面有价

㊀ 约翰 W. 加德纳（John W. Gardner）：曾任美国约翰逊总统时期的健康教育与福利部长，卡内基公司总裁，并创建了重要的全国性组织共同事业组织（Common Cause）和独立机构（Independent Sector）。致力于提高美国社会及其他主体的领导力，还创建了白宫研究基金和约翰·加德纳基金。——译者注

值的技术革新，对于它们的评估，依照的标准也是它们能从何种程度上促进社会创新流程以及向着参与、共同合作和开放源代码方向发展。

在整体社会决策和（参与）建设这个领域中，正开始形成的社群文化将会完全改变我们今天对政治这个概念的理解。在政治领域，决策的权力一直以来都掌握在所谓合法的“人民代表”手中。即使这个代表团体是在民主选举的基础上产生的，这样的运作方式仍将难以为继。公民将会通过社会创新逐步成为社会现实的积极参与者和创造者，他们对透明度的要求越来越高，因为这会使他们能够更好地参与思考过程，他们期待的是一种“圆桌文化”，希望通过这样的文化氛围，在社会的重大问题上参与决策、参与行动。

众商革命将从根本上改变人类生活的每一个领域，从个人观念直到全球性的社会结构，并且会大力推进人性化的进程。因此，社会创新以及众商革命的新世界向我们展现了一个名副其实的康德拉季耶夫周期，这一周期摒弃了仅仅凭借技术和数字化工具的推动作用，通过人的介入来重新建立起人类的主导地位。

为了给这一观点提供充分的证据，在下一章里我们将向大家展示一个已经真实存在的社会创新世界，以及与之相联结的意味着众商革命的各种潮流和动向。这些内容基本来自我于 2014 年 3 月发表的一篇论文，该论文是阐述有关众商大趋势的第一篇出版物。目前，改变世界的社会创新和众商革命已经蓬勃发展，文中提及的案例仅仅反映了其中一个小小的缩影。

紧随其后的一个章节将揭示：当一个人决意将自己的发展调整到众商模式时，个人发展的长远前景将如何改变，以及通过这种方式，有哪些潜力将会被释放出来。在下面的几个章节中，我简单地勾勒了吉尼西斯创新研究院（Genisis Institute）在众商文化转型过程中承担的主要任务，并随后附上众商基金会各位同人的文章，他们也都参与了众商文化转型中的重要工作。本书结尾处，我们向每一位读者发出了邀请，欢迎广大读者在这个新世界中找到属于自己的稳固位置。

第2章 WEQ MORE THAN IQ

Abschied von der Ich-Kultur

我们未来的素养

众商大趋势如何体现在数百种单一潮流和社会创新形式中

智商（IQ）的原始意义是智力素质。从社会的角度出发，一个人的智商高低能够传递怎样的信息呢？要是我们将智商隐含的意义提升到这个层面，它代表的就是“我商”，是运用“我”的智慧、“我”的能力。“众商”代表什么呢？它代表的是作为群体中的一员必须具备的素质和能力。在过去整整一个世纪里，成功哲学一直占据着主导地位，我们首先强调的是个人的自我素质，尤其是建立在智商基础上的素质和能力。

有史以来，一切划时代的创新，包括那些成为康德拉季耶夫周期前提条件的创造和发明，都要归因于天才的发展成果，它们无一不是由单独的个体思考发现并付诸实践的。因此，在这个时代，我们的思维统统烙上了这些“进步英雄”们的印记，这并不奇怪。也难怪，一个人对于社会的价值，首先就锚定在他发展了哪些个人能力上。以一个人的自我素质为基础，通过对他的个人能力进行评估，就能理所当然地推断出他应当获得多少权力和财富，推断出人与人之间存在多大的差距和不均算是公正合理的。正是这种囊括一切的智商概念，造就了毫无争议的原始动力神话，成就了持续时间格外长的大趋势、大周期，打造了一部毋庸置疑的、不可抗拒的成功簿。不过，它也带来了许多并不那么美好、并不怎么明智的负面效应。

那么，现在已经到了这股大趋势接近尾声走向末路的时候了吗？取而代之的将是另一波大趋势，由看似根基未稳的、摇摇晃晃的“我们”来取代那个明确清晰的“自我”？正是这个“我们”的脚步已经逼近，带着一种崭新的生活态度和完全不同的生活体验，蔓延到每一处群落、每一个领域、每一种生活环境之中，甚至现在就已打造了不少成功故事，激动人心。从目标和流程上来说，众商着眼于我们在群体中的基本素养和能力，尤其是以公共利益为中心的目标，以及以团队为导向的流程。

对于智商导向来说，最糟糕的消息莫过于：以众商为目标，不仅仅在生态和社会可持续性上明显胜出一筹，而且也更为明智、更有创造力、效率更高、成绩更加出色，从全面的字意上来理解，就是更为丰富深刻，而且，如果我们再进一步引入商业思维的话，在经济方面也会更为成功。与众商相比，智商则显得狭隘、贫乏、过时。所以说，若一直以个人的自我能力为导向，我们就无法拥有很好的未来前景。目前，众商导向已经成为一股碾压一切的潮流，能令所有事物焕然一新。

如果我们仔细观察，众商甚至不仅仅局限于一种大趋势，不仅仅代表一个新的康德拉季耶夫周期。到目前为止，历史变化的周期一直主要以技术进步为特征，平稳的规律背后，其实有一种新形式的变化正在萌芽生长：人们接触知识的渠道、进入通信交流的入口、以各种协作形式与他人合作的机会，以及获得合作的融资渠道，还有许许多多东西，都发生了变化。这些渠道和机会不再只为少数人保留，而是面向越来越多的人，更加轻松、更加深入地开放了。

协作能力开始变得意义重大。很多工作已经太过复杂，仅凭个人能力很难完成。即使是创新，也越来越多地成为团队的成果，而不再是单个人的贡献。

互联网和其他属于这个数字化时代的创新浪潮，再一次大力推动着这一发展趋势。如此众多的、如此迅速的、全球化范围如此之广的交流、互动和协作，在这之前完全是天方夜谭，而如今，它们将交流、互动和协作的能力推向了人类继续进步的核心意义位置。我们因此面临着一个众商的时代和一场众商革命的开端。众商，将会成为我们未来的素养。

为了避免出现误解，我们有必要强调：某一方面的彻底创新，并不需要处处皆新。数字“0”和“1”本非新鲜事物，但是当这两个数字成为一切的焦点时，就开启了数字化的新时代。众商能力，本质上也完全谈不上是什么新事物，但是认识到众商的巨大魅力以及它开创机会的能力后，就开启了迷人的众商新世界的大门。“大趋势”这一概念的创造者们，比如说马蒂亚斯·霍克斯，从未宣称过新兴事物的主要特征是该事物本身的存在，新兴事物之所以新，在于它存在的新价值，也就是它在当前的社会生活中显示的价值和获得的意义。在全球化大趋势里，新的并不是全球化现象，而是今天全球化现象渗入每一个生活领域的变化动态。在妇女解放的大趋势里，新的并不是与女性素质相关的种种现象，而是这些现象的意义。各种大趋势的共同特点是它们的普遍性、稳定性和延续性，尽管要实现这些首先要经过不少弯路，但它们稳固坚实，经得起风雨，当然，最后还有它们的世界性。

众商天地初览

百科全书浓缩了世上各类知识，其重要性和基础性不言而喻，正因如此，布罗克豪斯出版公司[一]已经成为迄今为止各个时代的庄严的知识殿堂。日前，布罗克豪斯公司彻底停止了百科全书的出版。正如乌尔里希·温伯格在他讲述网络以及众商时代的最新著作中形容的那样，这一事件象征着“布罗克豪斯百科时代的终结”。布罗克豪斯百科时代已经被维基百科取代。维基百科是全新的世界百科，由成千上万名志愿者和义务工作者每日不停地改进和续写，他们从传统的精英知识界手中夺下掌控世界知识的力量，随即注

㊀ 布罗克豪斯出版公司（Brockhaus & Co.）：布罗克豪斯百科全书的出版商，从 19 世纪初开始出版以标准德语编写的百科全书。以资料精确、内容及时、条目清晰、检索便捷著称，是世界上其他国多种语言百科全书的蓝本。2008 年起，布罗克豪斯宣布停止发行刊印版本。——译者注

入群体智慧和民主智慧。维基百科代表了知识世界的众商革命。众商、实用众商能力以及它们在群体知识管理空间中的效用形式丰富多样，维基百科只是其中之一。目前，维基百科的“小兄弟”维基数据正踏上征程，成为全球领先的知识数据库——甚至连各个主要的传统知识数据库系统，比如说弗劳恩霍夫研究所[㊀]的此类系统，也在切换使用维基数据，因为这些非专业人士集体智慧成果的质量已经超过了最优秀的专家团队。

协同合作（co-laboration）是众商革命的另一种形式，指的是团队自由组合，成员来自世界各地，大家共同攻克一个有具体时限的项目，或者达成创办一家企业的协议，但是在任务完成之后，他们将随即重新寻找新的项目或者新协作团队。协同合作是职场的众商革命。良好的协同合作，无法避免地要求团队成员发挥群体能力，这一席卷全球的趋势不仅强化了众商素质，也加强了参与者的个人素质。协同合作提升了整体质量，加快了全球创新发展的速度，与此同时，

㊀ 弗劳恩霍夫研究所（Fraunhofer Institute）：指弗劳恩霍夫应用研究促进协会下属的研究所。弗劳恩霍夫协会是德国也是欧洲最大的应用研究机构，下设80多个研究所，是公助、公益、非营利的研究机构，为企业，特别是中、小企业开发新技术、新产品、新工艺，协助企业解决自身创新发展中的组织管理问题。

也普遍降低了成本，有时甚至大幅度缩减了成本。协同合作不仅能开阔视野、改善学习曲线、拓展人际网络、提升能力，尤为重要的是，它使所有参与者在多维度、跨地域的协作试验场中变得更加独立。越来越多的初创公司正在体验着，并继续发展着这样一种协同合作文化。黑马创新（Dark Horse Innovation）是柏林一家专门从事创新开发和创新一条龙服务的咨询公司，它的 30 位创始人在 2015 年出版的《谢天谢地，今天星期一》中，展示出他们公司对待工作的传统态度已经转变成了对共同协作的无拘无束的热情心态。

共同创造的公共产品

在协同合作的大潮中，产生了另一种众商变革的动力：为什么中心化的创新开发会理所当然地成为少数人的财产和权力工具？为什么它们不能成为免费的公共财产，成为人人都可以使用的工具，并且变成大家能一起继续开发的项目？用于编写网页的内容管理系统原本也可以像很多其他的软件产品一样，成为诸如微软、谷歌、脸书这类公司的“印钞机”。然而，在这一领域，一系列所谓开放源代码（open source）的产品已经在竞争中“击败”了商业化的卖家。Typo3[㊀]和 Drupal[㊁]这样的内容管理系统就是很好的例子，它们均由专家团队在全球合作的框架下免费开发，并不断改进。开放源代码产品的开发人员将焦点首先对准了最重要的领域，在他们心目中，这些领域中取得的突破如同空气和水一般，对人类未来的发展举足轻重。

在某些地方，开放源代码产品已经成为经济生活的一部分，它们不但完全不会损害经济秩序，反而成了货真价实的经济和社会发展的“加速器”。尽管如此，开放源代码的理念还是在另一方面改变了我们社会协作关系中最根本的东西——它至少改变了我们的物权观念，因此也改变了整体的产权状况。开放源代码将我们引向一个更宽阔的入口，让我们能从这里出发，走上加速发展、共同富裕的道路。全球积极地共同发展，通往财富之路的入口越宽阔，最终所创造的财富总量自然也就越可观。是否可持续，是发展过程

㊀ Typo3：一个开源的内容管理系统，遵守 GNU 通用公共授权协议。可运行于不同的操作系统和不同的网络服务器上。——译者注

㊁ Drupal：一个开源的内容管理系统，功能强大，在业界常被视为内容管理框架（CMF），而非一般意义上的内容管理系统（CMS）。——译者注

中一个严峻的问题，而开源理念下创造的财富，更多的是共同财富，因此它积累财富的方式恰好符合长久以来难以满足的可持续标准。随着产品的逐个开发，开放性源代码渐渐用某种理念代替了个人所有权，我们也许可以称之为“群体所有权”：个人所有权将使用财物和知识的权力归于个人所有，而“群体所有权”则意味着向所有人免费开放，以公众为导向、以结果为导向，有利于所有人、所有企业发掘自己的潜力。因此，我们可以说群体所有权是到目前为止对最终效果和共同富裕的各种解读的升级版本。

开放源代码运动凭借着免费的产品，不断占领了一个又一个新的领域。与此同时，民间发起的协同合作运动也开始提供公共产品，为政府助一臂之力，可汗学院就是其中一例：作为新一代的公共产品，萨尔曼·可汗（Salman Khan）[㊀]利用他创建的在线学习平台可汗学院（khanacademy. org），为人类的学习世界带来了一场彻底的革命。通过这个平台，以及更多像

㊀ 萨尔曼·可汗（Salman Khan）：免费网上教育平台及非营利机构可汗学院的创办人。其创办的可汗学院通过网络提供一系列免费教学影片，内容广泛、教学方法简单易懂，深受好评。2009 年，可汗学院获得微软科技教育奖；2010 年，谷歌公司向可汗学院捐款 200 万美元，用来制作更多课程，并把核心内容翻译成多种主要语言。——译者注

慕课（MOOC）[1]这样效仿它的项目，每个人都能够随时随地通过最专业的教育形式长期免费利用中小学、大学，很快也将包括职业领域的知识。让每一个人都有机会接受最好的教育，这是人类长久以来的梦想，在线教育正是这一梦想得以实现的前提，而且几乎分文不取，这是知识传承的众商革命。

与目前的在校学习方式相比，在这种教育模式下，用在理解并掌握新的学习内容上的时间将缩短一多半，整个学习过程变得如做游戏一般轻松。这刚好为人们学习另外那些完全不同的能力创造了条件——利用节省下来的时间着眼于经验和实践，创造性地学习培养众商能力。只有通过发展众商能力，将其作为终身学习的新核心，我们才能拥有崭新的创造力，把所学的知识合理有效地全方位转化于生活和工作中。

远超策略性消费

众商领域的另一股风潮名为共创（co-creation）。产品和企业的客户成为共同开发者，调查结果表明，

[1] 慕课（MOOC）：译自英文“Massive Open Online Course”的首字母缩写，意即大规模开放性在线课堂，是一种开放教育资源，针对大众利用网络进行教学的远程教育新形式。——译者注

这个过程中，双方都获益匪浅。那些真正领会了这一趋势的企业，不仅能开发出更加优秀的产品、更加出色的服务，尤其重要的是，它们能够赢得更为良好的客户关系。客户肯定还是希望能成为经济关系中的共同创造者，尽管这并不是他们的核心需求，但他们一直会保留着这样的愿望。这已经远远超越了所谓策略性消费，也就是说超越了选择性购买可持续的、价格公平的产品的效用曲线。

共创是产品开发领域的众商革命。采用这种社会化创新措施的企业，不仅成绩斐然，而且在生态和社会层面更具可持续性。所以说，共创将消费行为向生态可持续性和公平的方向同时推进。在某些国家，平价连锁超市致力于满足一部分顾客的愿望，将不公平的产品从其供货的品种中剔除，只供应那些公平生产和交易的货品，以此提升自己的声誉，相比从前，这样做它们能够赢得更多顾客。通过这种方式，各方都从一种全新的行为态度中获益匪浅。

创新开发：跳出专家藩篱

到目前为止，我们提到众商趋势的很多要素都在设计思维（design thinking）里同时出现。设计思维是系统性开发创新的一种方法，它与传统的实验室和开发部门模式下产生创新的过程有所区别：利用设计思维进行创新开发，在最关键性的阶段，并不是将任务仅仅交给传统意义上的专家，而是转交给各个性质不同的团队。在极为多样化的背景下组合起来的团队，摆脱了专家意见的局限和藩篱，有意识地与目标群体，也就是与为之开发产品的客户们一起，首先要确定他们真实的需求和愿望。随后，由这些异质化团队着手设计一系列解决思路，这些思路的特点在于，在第一轮过程中，先抛开技术上的可行性和经济上的可操作性，将这些问题放到最后再考虑。在多番轮次之后，团队拿出最有前景的样机或样品，此时再引入专家，借助他们的专业能力，从实践角度来实施以需求为导向、以目标群体为导向、以大众为导向的最终解决方案。

在这里，整个创新流程被深深打下了众商的烙印，并因此使设计思维远远超越了产品创新和服务创新，承载着新一代创新发展思路的最大希望。根据这一模式，我们可以提出这样的问题：一家制药企业的创新开发，难道必须是研发出某种新药丸？为世界上贫困地区设计的早产儿保育箱，难道只能设计成工业化国家普遍使用的保育箱的“缩水”版？或者说，保育箱的外观就不能有所变化，比如说像一个背包？汽车生产厂家为什么必须把所有的注意力都放在汽车生产上，换句话说，它们为什么不能回到根本上来，为人们自由、便捷、灵活地出行提供产品和服务？

药业巨头勃林格殷格翰公司[㊀]真的对自己提出了上述药丸问题，其决定，将来要让公司内部局限于开发新药的研发部门和全球领先的社会企业家培育组织阿育王旗下的社会创新者们走到一起，开展系统性合作。“保育背包”则是由斯坦福大学的一支设计思维团队开发的一项创新产品，它的价格与目前市面上各种知名品牌婴儿保育箱相比，不到其百分之一，因此刚好适合第三世界国家的生活情况。像汽车共享（Car-sharing）这样的点子，短短几年前还被人归为“疯狂”的想法，目前却已经改变了大型汽车厂家的思路，让其确定了新的方向——必须形成“流动性”，这比开发新产品更加重要。这一切变化意味着在通过异质化

㊀ 勃林格殷格翰公司（Boehringer-Ingelheim）：创立于 1885 年，公司总部位于德国殷格翰，在全球拥有 146 家分支机构，超过 47 700 名员工，是全球前 20 位制药企业之一，也是世界上最大的家族制药企业。——译者注

团队进行创新发展的流程中，以及在彻底以用户效用为导向的思路中，都发生了转向众商哲学的转折。另外，作为一种彻底创新的流程，设计思维是可以学习的，每个人都可以掌握。现在，就连学生也顺利地学会了这一流程。柏林的教育创新实验室（Education Innovation Lab）已经为学生和教师们制定出一套新型项目课程，以设计思维为出发点进行教学活动。设计思维因此展现了它在未来发展中的中心地位，代表着创新开发领域的众商革命。

没有彻底的众商转变，创新部门几乎无法继续生存下去。这股变革大潮的潜力甚至作为一个完整的理念蔓延到了企业当中，改变着它们的基因，也就是公司内部的企业文化。SAP 公司的创始人哈索·普拉特纳[㊀]（Hasso Plattner）是首批领悟到设计思维意义的人之一，他资助了斯坦福大学的设计思维孵化基地——该校大名鼎鼎的设计学院 D-school，以及波茨坦大学

㊀ 哈索·普拉特纳：SAP 联合创始人兼董事长。普拉特纳于 1972 年在德国创办 SAP 公司，该公司目前已成为全球商业软件市场的领导厂商，全球 120 多个国家超过 17 万家企业用户使用 SAP 软件。普拉特纳还是斯坦福设计学院（the Institute of Design at Stanford）的主要资助者，以及柏林波茨坦大学哈索·普拉特纳学院（Hasso Plattner Institute at the University of Potsdam）的创始人。——译者注

的设计思维学院。他邀请世界各大企业的顶级人员参加设计思维研讨会，为设计思维取得全球性成果做出了决定性的贡献。他做出妥善安排，在他自己的企业中，内部和外部所有新的调整都必须建立在设计思维哲学的基础上。设计思维正逐渐渗入公司文化深层，成为 SAP 的基因。

要彻底地改变工作方法，令其适用于激发出一种全新的、集众人之力进行创新开发的特质，设计思维绝对不是唯一的形式。敏捷开发（scrum）、黑客马拉松（hackathons）、社会创新（social creativity），还有更多激活集体智慧的形式都相继出现在我们的视野中。企业要做的，不仅仅是通过引进单一的方法来改变自己的工作方式，企业必须彻底改变它们的基因，因为越来越多“最重要的创新不再由新技术产生，而是通过其他的方式共同合作、组织分工”。这正是麻省理工学院集体智慧研究中心主任托马斯·马隆（Thomas Malone）的看法。

经济要求与社会要求并行

在推动众商大趋势的过程中，有许多关键的动力并非来自经济界，而是来源于那些充满叛逆精神的世界改造者群体，随着时间的推移，他们逐渐更好地学会了从社会企业化的角度来考虑问题并付诸行动。起初，只有寥寥几位头脑灵活的经济界领导者认识到这其中的价值，然而目前看来，进一步推动众商革命的时机似乎已经成熟，这是另一种众商流程：经济导向型企业与以改造社会为目标的社会文明大潮不再互相视对方为对立面，它们正学着从仅仅以维护企业形象为目的的社会活动中跳出来，并认真考虑进行实质性的合作，为双方，也为整个社会开启全新的效用选项。

过去几年里，众商发展作为经济界和活跃的文明社会之间合作的一个新特征，形成了一系列各自不同，但是目标方向大体相近的创意，其中最重要的包括社会创业（social entrepreneurship）、社会型企业（social business）、共融型企业（inclusive business）、社会创新（social innovation）、社会影响基础设施（social impact infrastructure）、社会金融（social finance）、使命相关投资（mission-related investing）等。所有这些创意，都是将企业的思路和行为与改进社会的理念和行动巧妙地结合起来，如果试着用一个词来概括它们的基本特征的话，我建议使用社会影响企业（social impact business）这一概念。尽管这些创意的出发点不尽相同，近年来却都创造了极为出色的全球性成功案例。

穆罕默德·尤努斯[1]（Muhammad Yunus）在 2006 年获得诺贝尔和平奖时，直接宣布了社会型企业这一理念。到当时为止，他已经创办了格莱珉银行（Grameen Bank）、格莱珉乡村能源公司（Grameen Shakti）和格莱珉乡村电信公司（Grameen Phone），这些社会型企业的成功模式足以改变世界。创建特殊的公司，公司成立唯一的目的就是为社会问题提供自给自足的解决方案。格莱珉银行的成功在全球范围内引发了一场小额信贷组织运动，至今已经为超过五亿人提供了获取小额贷款的机会，这些人因此得以跨入独立经营活动的门槛。到目前为止，格莱珉乡村能源公司仅在孟加拉国一地，就已经为贫困家庭安装了将近 300 万套太阳能系统设备，为全世界提供了一种行之有效的模式：一方面开拓了贫困地区的太阳能技术市场，另一

[1] 穆罕默德·尤努斯（Muhammad Yunus）：孟加拉国银行家、经济学教授，他通过发展小额贷款和小额金融的理论及实践，创建了格莱珉银行，为贫困而无法获得传统银行贷款的创业者提供资金。2006 年，尤努斯和格莱珉银行因其“从社会底层推动经济与社会发展”的努力，获得诺贝尔和平奖。——译者注

方面使贫困地区能够获取能源，在整个世界范围内大大加快了这些地方脱离贫困怪圈的速度。格莱珉乡村电信公司则是第一家在贫困地区市场投入移动通信技术的公司，时至今日，它甚至已经成为孟加拉国规模最大的公司。事到如今，我们已经完全可以在全球范围内证明，移动通信入口是摆脱贫困之路最有效的工具，通过移动通信技术，不仅能让那些最贫穷、最弱势的人群有机会直接接触有价值的信息和宝贵的知识，而且还能随之产生越来越多的商业模式，对这部分人群来说，这些商业模式的门槛相对较低，并能提高他们的收入。

2006 年以来，许许多多类似的社会型企业不断涌现，成绩斐然，并与国际大企业和大型社会企业基金展开合作。仅格莱珉达能基金会一家，目前就已经在全世界资助了另外 50 多家社会型企业，资助金额达两亿七千万欧元。

社会创新的生态系统

社会企业家（social entrepreneurs）这一概念是由

比尔·德雷顿一手打造的，他决定着手将全球那些致力于解决社会问题的特殊的创新者们识别出来，并且支持他们为自己的解决方案进行准确定位。他创立的阿育王组织独具慧眼，很早就看中了作为社会企业家的穆罕默德·尤努斯和维基百科的创始人吉米·韦尔斯（Jimmy Wales），当年他们还籍籍无名，远未蜚声世界。至今，阿育王组织已经发现了另外大约 4000 位像他们一样的先锋人物，推动着极具潜力的社会创新项目。

围绕着阿育王组织，支持和资助这些社会创新者的基础设施结构已经建立起来，并急速发展，主要在通信、融资以及培养后备人才方面给予支持。作为更多社会创新者的新型孵化器，社会影响力中心和社会影响力实验室处处破土而出，各所大学也在全世界范围内纷纷设立社会创新和社会影响力企业的教学和研究机构。

越来越多的人，无论他们是资产微薄，还是坐拥巨大财富，都突然发现自己拥有成为一名社会投资者的潜力；还有越来越多国家的政府、欧盟以及新近的 G8 峰会，正相继推动和建立社会金融项目与基金。在这些新的融资模式当中，有一种社会影响债券（social impact bonds）在未来有望将国家和地方政府机构从社会福利国家的组织者和社会福利国家的出资者，转化成致力于进行更高效社会创新的社会投资人。

社会创新作为未来决定性的创新支柱

继技术创新和商业模式创新之后，社会创新必定会成为第三大创新支柱，并且理应得到政府和其他机构的相应支持，这一认识已经得到了广泛的传播。早在 2012 年，我就曾明确地向联邦政府各部门提出建议——在今后数年内，应该把对社会创新的支持力度提高 100 倍，这一建议在当时还被视为疯狂的想法，然而仅仅在一年之后，德国联邦教育及研究部就将其作为德国各大研究机构共同召开的年度智库大会的口号。过了两年之后，联邦政府总理已经在讲话中提出，技术创新和社会创新具有同等级别的意义。

社会创新在经济领域中意味着什么？这里有一个关键的概念就是，普惠商业（inclusive business），这一概念要回溯到世界著名的创新经济学家 C. K. 普拉哈拉德[1]（C. K. Prahalad）的观点上。他提出，对于企业，尤其是大型国际企业来说，能否生存直接取决于它们是否具备能力，以企业家的思维方式创新地、可持续地解决社会挑战。他认为：对企业来说，生态目标和社会目标再也不能仅仅被当成公关手段，而是必须成为能够有效运转的新型商业模式的源头。以下内容是几个实例：

思科系统公司（Cisco Systems）在全球范围内扩张发展，进入新兴工业国家和发展中国家的新市场，为穷国与富国之间面临着的一道数字化鸿沟提供了极为有效的解决方案。通过创办思科网络技术学院（Cisco Network Academy），其为在世界范围内无偿使用 IT 技术建立了第一家在线学习机构。通过这种方式，其能够最迅捷、最有效、最经济、最具持续性地帮助全球贫困地区的年轻

[1] C. K. 普拉哈拉德（C. K. Prahalad）：密歇根大学商学院公司战略与国际企业管理教授。他是《消费者王朝》及《竞争大未来》的合著者，也是《金字塔底层的财富》（*The Fortune at the Bottom of the Pyramid*）一书的著者。英国《泰晤士报》（*The Times*）的年度“Thinkers 50 List”（思想家排行榜）不止一次将其列为全球最具影响力的管理思想家。——译者注

一代接触到新的IT技术机会，同时为自己公司的技术和产品创造了未来的需求。思科网络技术学院在最短的时间内成为世界上规模最大的在线学习平台，也成为其他很多在线学习产品的范本。目前，每年都有百万人众获得思科网络技术学院含金量很高的IT技术结业证书，他们主要来自新兴工业国家和发展中国家。面对着世纪之交如此逼近的“数字化鸿沟”，世界上没有任何其他来自政府或国际组织的措施能够达到近似效果；也没有什么别的方法能如此有效，并持续地帮助这个领域中的任何一家企业在全球范围内扩大对其产品的需求。

如今，安联集团（Allianz）已经有1/4的客户来自亚洲和非洲贫困地区市场的小型保险公司，有关业务涉及的范围，其摒弃了在传统市场一直沿用的传统商业模式，采用了一种本质上完全不同的小额保险方案模式。在这些地方，其主要针对农作物歉收提供保险，而歉收正是世界上贫穷的农民生存根基反复不断地遭到毁灭性破坏的主要原因。

印度的亚拉文眼科医院（Aravind Hospital）则另辟蹊径：该医院建立的初衷是让低收入或无收入者能有机会接受青光眼手术，而相关费用则由其从经济条件更好的患者处收取的费用来补贴。要想实现这一目标，就必须大规模系列化地发展创新，让自己成为最好的医院，因为其要保证医疗服务质量上乘、价格低廉，这两个方面都要远远超过其他医院。在自我施加的极大的创新压力下，亚拉文眼科医院取得了巨大的成功，同时在很多领域成为世界市场的领先者，例如生产价格低廉的人工晶体方面。亚拉文有着极其彻底的社会目标，并因此设定了极端的创新压力，长期以来，亚拉文也将这一策略沿用到健康经济的其他领域中。

然而，普惠商业模式绝不仅仅局限于第三世界课题，即使那里不仅有最大的发展需求，也存在着最具吸引力的未来市场。一些专家认为，相比如今国家层面上的政治措施，以及国际层面经过拖延不决、旷日持久的决策过程才能够采取的措施来说，通过具

> 体的普惠商业手段，能够更加迅速、更加经济、更加可持续地解决全球气候问题。普惠商业模式具备全新的、令人震惊的潜力，这种方式能够将我们引向深刻的新型的、世界性的创新潮流。为此，政治、经济和文明社会都应该学习新型合作的众商能力，以便能够更好地掌控各自面临的未来挑战，以及我们早已变得无法分割的共同挑战。众商哲学为我们提供了必备的观念体系以及正确的行为模式。

教育创新：无拘无束的学习乐趣伴随终生

如果没有深深地进入终生学习这一领域，并以此彻底地改变我们的教育体系，众商大趋势是无法成为现实的。脑科专家杰拉德·许特和企业领导人彼得 M. 安德烈（Peter M. Endres）在二人合著的《学习乐趣：究竟什么是人生中真正的关键》一书中，从生活现实的角度明确提出，在一种全新的、传递众商能力的学习理念中，究竟有哪些价值必须处于中心地位，作为教育和学习最重要的结果，我们应该相应地鼓励和推动哪些观念和态度：建立和维护关系的能力、团结精神、全心投入的精神、激情、责任感、参与精神、坚定不移的精神、恒心、坦率、诚实、发现新事物的喜悦、创造的欲望、关注力、慎重周到、自知之明，还有自我控制和自我调整。所有这些都属于众商范畴的能力，其中仅仅只有一小部分也同时出现在自我能力的列表中。与这些能力相关的培养和教育，杰拉德·许特将之称为潜能开发。

强调智商并非坏事，智商也不是错误的概念，只是众商的范围很明显比智商广泛得多。无论是观念态度还是具体能力的培养，以智商为目标的教育基础显然远远不够多样化。在以众商为导向的教育中，通过大力扩展丰富多样的行为态度培养，就连认知能力也能得到更好的发展，因为与单方面以竞争为目的的个人化学习过程相比，在以团队为导向的学习过程中，我们可以更好地把团队成员的学习经验和能力融入我们自己的学习曲线。

像责任感、参与精神，或是合作型的创造乐趣这些众商能力，在所有的学习过程与生活实际之间建立了无可比拟的强大联系，并且促进了我们以商业思维来管理生活的能力。许特和安德烈说，今天，一个人具备的能力远比他拥有的知识更为关键。像德国铁路公司（Deutsche Bahn）、谷歌（Google）和 SAP 这样的公司，在挑选新员工的过程中已经不再以分数为标准，因为分数是在学校拼命用功得来的考试成绩，并不能太多证明一个人的实际能力。因此，这些公司各自开发了用于本公司的绩效鉴定系统，以能力作为考量标准。更加贴近生活实际并传递实践经验的学习强化了自我效能（self-efficiency）的体验，终生学习的热情，无论是对自身，还是对于社会来说，都能更好地学以致用。所以说，学习众商能力是众商革命的中心，因为学习能够赋予每一个人在这个新的时代必须具备的核心能力。

具体来看，一所在众商模式下运作的学校大概是什么样子，由玛格丽特·拉斯菲尔德（Margret Rasfeld）领导的柏林中心基督新教学校为我们提供了一个范例。在这所学校中，学生们可以在学习办公室里自主学习，他们为自己负责，在团队中共同学习，也相互学习。这里的教师并非知识传授者，而是很特别的个人学习辅导员。整个学习过程更能激发学习乐趣，效率也更高，因为每个人都以最适合自己的节奏来调整学习进度。如果某位同学学习数学的速度比平均水平更快，他就会将更多时间花在对他来说比较困难的科目上。这所学校的成绩明显优于一般学校，而且重要的是，其课程设计更加丰富多样。学生们能接触到更多内容，其程度更深入，而且更实用、更便于操作，并能激发创造力。例如，这里开设了像“责任”或者“挑战”这样的科目，在这些课上，他们会写作第一部长篇小说、组建一支乐队、徒步探游科西嘉岛，或者是参与一个在印度的项目中的工作。学生们对自己的学校十分满意，甚至自愿为教师提供进修课程，至今为止已经有来自整个德语区的超过 15 000 名教师参加了这一项目。通过这个课程，学生教给教师如何能更好地激发学生的学习动力，他们的方法比大学里传授的教学法要有效得多，教师们也很喜欢这种来自生活实际的学习动力培训。“觉醒中的学校”这个计划将会帮助众多的学校加入这个行列，共同实现这类深层次的转变。

全新的学校类型：赋权学校

众商模式下的教育彻底改变了我们对教育的理解。由哥伦比亚科学应用与教育基金会（FUNDAEC）

在哥伦比亚创立的从学前教育到研究生的课程，是一套完全不一样的教育体系；还有 1999 ~ 2002 年在尼泊尔实施的妇女赋权计划（Women’s Empowerment Program）惠及 125 000 名妇女，二者都向我们展示出改变的彻底程度。

哥伦比亚科学应用与教育基金会在哥伦比亚的乡村地区首次建立了一套系统，为学生们取得进入大学资格拓宽了道路。由于没有适合的公办教师愿意前往农村任教，而且那些条件允许的家庭和“比较好”的学生也早已迁入城市，因此基金会专为那些“留守者”设立了一套教育系统。“留守者”一语双关，既指他们留在比较落后的地方，也指他们在学业上与平均水平相比存在差距。这套系统的发起人，特别是那些积极的科学家们，他们完全根据实际情况来调整计划，以适应当地的需求。本地缺少教师，就必须开发交互式的课本与教学材料，小规模的学习团队能够利用这些课本和课件尽量自学。来自各个村庄的本地人被培训成为“导师”（tutors）（也许将他们称作“学习辅导员”更合适），他们陪伴并帮助学生在团队中尽可能独立地学习。当地没有“高级中学”阶段的教学楼，大家便分成学习小组，在社区中心、教会或是私人场所，甚至索性在露天学习。

在这样的学习过程中，要想激发学生的动力，最好的方法是能结合生活实际，强调学习内容的实用性。如此一来，学生们都成了“本地的发展助手”：他们能及时将所学到的一切知识运用到村里的项目上。正因为乡村生活并不是按照科目来划分的（实际上所有生活都不是），所以大家并不是按照科目来学习“知识”，而是借助现实生活的实际事例和它们之间系统性的内在联系去学习物理、化学、生物、生态、经济、数学、心理学、沟通以及其他方面的相关概念和知识。

为了鼓励所有学习者终生保持对学习的兴趣，他们开发了一种“学习如何学习的教学计划”。在学校的第一年，大家学习的所有内容都通过提问来呈现——如此一来，终其一生的好奇心已经在他们的基因里深深扎下了根。第二学年，在解释关键概念之后，仍然是用这种方式来完成所有的学习内容，对不同含义的概念寻根究底，探个究竟（这样的学习方式为培养学生们持续的反应和交流能力打下了很好的基础），甚至连学习小组的“学习时间”也能高度灵活地调整：每个小组可以自己规定他们自己的“课堂时间”，以便照顾到农忙季节以及其他的特殊情况。

通过这些极具革命性的措施，不设传统意义上的教师、没有校舍、没有固定上课时间、没有传统的学校科目划分，学生们完成了他们高中阶段的学习，国家文化部不仅承认他们的毕业文凭，甚至得出结论：从这里毕业的学生，其平均水平比国家正规学校的毕业生超前。相比别处的高中毕业生，拉美地区每所高校都更喜欢录取来自 FUNDAEC 的毕业生。FUNDAEC 的创建者们用类似的方式建立了小学和学前教育项目，还创办了一所自己的高校，成立了科研实验室和创立者中心，以及终生的研究生项目——所有这一切都秉承着类似的彻底教育创新的理念。

尼泊尔的妇女赋权计划为成人教育，尤其为“以发展为目的的教育”领域带来了革命性的变化。在这一试点项目中，目标群体由妇女组成，她们当中大多数人不识字，并且属于农村最贫困的人群。在“培训培训者模式”（train-the-trainer-modus）中，首先，她们利用训练模块学习阅读、写字和算数，并取得了近乎百分之百脱盲的成绩；其次，学习项目管理，通过这方面的学习，她们具备了相应能力，在三年之内，根据她们自己的需要，组织实施了超过五万个属于自己的社会项目；再次，她们还学习如何自主经营学习的成果，有86 000名妇女走上了独立经营的道路；然后，学习如何按照瑞弗森银行[㊀]的原则（Raiffeisen-Principle）建立自己的乡村银行，也就是说在个人储蓄的基础上建立乡村合作社。在这一领域，她们取得了创立超过1000家乡村银行的成绩。最后，学习依照法律她们拥有哪些权力，以及如何行使这些权力的能力。

三年之后，这些家庭的收入增加了8倍，并且，妇女们利用自行组织的成人业余大学的形式，将她们学到的能力系统化地继续传播。这些妇女根据自己的经验，认识到这样的学习与她们的生活实际关联密切，很有价值，自然而然地，她们将自己的孩子送进了学校。

这是一种非官方的、经过一次性推动便能完全实现自我推广的赋权学校（Empowerment School）理念，整个世界都可以从中获益，我们也可以称之为众商学校（WeQ School）。只要整理出相应的培训计划，一

㊀ 瑞弗森银行（Raiffeisen Bank）：瑞弗森银行主要分布在城郊和村庄，采用的是合作社组织形式，服务内容是向合作社成员提供信贷、抵押业务等服务。目前瑞士共有722家瑞弗森会员（连锁）银行，其总部设在圣加仑。——译者注

个占地广大的地区在三年之内就能学会完全独立地建立并自主运作以下几方面最重要的基础设施机构：基础教育及其系统性传播、企业化的思维和行动、属于自己并自己掌控的融资系统，以及一切必备的社会福利体系。

用这种方法来设计并实现众商模式下的教育，可以推广到每一个地方、每一个目标群体，以及世界上的每一个国家，当然也包括工业国家。

众商基因和众商测试

众商是人类发挥自身能力的又一次量子级基因跃变。以众商为目标，我们学着在每一个人身上发现一座富矿，富含价值无法估量的宝藏，而人类还刚刚站在自己发挥潜能的起点。如果用两个对照组进行测试，其中一组在教育培训中、在他们的工作岗位上和他们个人生活形态上还主要依照智商模式运作，第二组则已经相当明确地按照众商模式运作，那我们也许会十分惊讶，二者在创造生活能力和生活满意度上存在着极为显著的差异。我们应该毫不迟疑地忘掉智商测试这回事，换言之，应该尽快开发众商测试，并以此作为依据，在众商能力不断形成的过程中确定它的发展状态。杰拉德·许特目前已经在着手进行这项开发和完善众商测试的工作。

显而易见，众商是一个大趋势，即使到目前为止，在我们的社会空间中，它的存在如同汪洋中的一座小岛。时机已到，我们应该认识到，在整个社会中，众商是大的趋势，我们应该开始相应地重新塑造我们的文明社会，重新塑造企业和政治的基本框架。

第3章

WEQ MORE THAN IQ

Abschied von der Ich-Kultur

人类的潜能

用世界的“头脑”来思考，用人类的心灵去感悟

英国哲学家彼得·罗素（Peter Russell）在他1987年出版的著作《地球脑》（*The Global Brain*）中创造了一个概念：世界大脑。当时，互联网刚刚处于萌芽阶段，全球资讯网络（World Wide Web）尚未诞生，就在那个时间节点上，他就已经预见到数字化时代将把我们引向何处：一切人类的知识将在世界范围内连接成网络，所有的人将在世界范围内连接成网络，人类的沟通与合作将在世界范围内连接成网络，这些变化将引领人类形成一种新的共同身份与存在形式——“地球脑”。

在前面的章节中，我们谈及的很多趋势，从开放

源代码（open source）到开放式创新（open innovation）、从协作共享（collaborative commons）到共同创造（co-creation），无一不是我们正在共同成长着通往这个新存在形式的过程中自然而然出现的一些运作方式。与人类演化历史中早先的速度相比较，我们今天可以说是从步行、乘马车的速度向光速转换。世界知识宝库的整个空间随时随地呈现在我们面前，供我们任意取用，在实际生活中，这意味着不受时间限制的全部资源。工作团队、兴趣小组、积极参与文明社会的各种活动和组织——协同合作的形式越来越丰富，运行的过程不受地域限制，基本上可以说遍及全球。

这绝不表明互联网能完全代替空间上的距离、代替面对面的交流、代替自然的现实世界，因为在这些天然的时空条件中，存在着任何东西都无法替代的内容。正是在这个现实世界里，“地球脑”能给予我们有力的支持，帮助我们发现并塑造周围自然存在的一切，使其更加智慧、更富有经验、更有创造性，更持续、更利于保持和实现价值。

就像从前马车、火车、汽车和飞机不断激发着我们对世界上新鲜迥异事物的好奇心一样，如今，多亏这个新出现的“地球脑”，人类的好奇心再次拥有了一个更彻底的提升空间。有些人把数字化世界和模拟世界放在对立的位置上，其实就是还没有真正理解整个人类联结为一体的意义和机会。

诚然，人类进化的每一步，时刻都需要个人和集体适当的学习过程，无论是一名幼童从爬行到第一次尝试着行走的那一步，是从父母照顾的羽翼下迈向长大成人自己承担责任的那一步，还是尝试着使用火，或者是使用互联网的那一步。处处都存在危险——危险中却包含着拯救我们，将我们继续引导向前的潜力，就如同荷尔德林笔下描述的那样。危险和机会，这两面结合起来如此完美，天衣无缝。

“地球脑”的出现无可阻挡，那么，这对我们人类究竟意味着什么？

旧式的思想和行为模式失去了它们一系列的保护功能，而比这还要严重得多的是：它们突变成一条“高速公路”，任由那些精神上故步自封的知识分子们“朝着自己的一亩三分地开倒车”，最终也走向物质上的自我贫化。某些人对来自不同文化背景的人心怀恐惧，其行为上表现得恰恰像是那些怕水或是怕刀子的人：他们永远都学不会游泳，永远都学不会用刀子切割。而有些人，愿意去认识“陌生的”人、文化、宗教、城市、建筑，以及更多数不尽的新事物，将其理解为学习的良机，他们会学着把这些东西当成自己生命中一种无比珍贵的财富来珍惜，无论如何都不愿错过。那些懂得如何利用数字化掌握知识、会通过数字化通信交流工具和数字化合作方式进一步提升自己学习兴趣和乐趣的人，将进一步培育这种种可能性。坦率地说，到了今天，如果还有谁对外国人心存恨意，那么他会很快惊讶地发现，最后被排斥出局的到底是谁，谁会成为真正的失败者——正是他自己。在“地球脑”这一崭新的现实面前，每个人所有的神经细胞都在人类的整体形态中日复一日的紧密地连接成网，而把自己与其他人隔离，其实就意味着自己会变得越来越愚蠢。

为了避免这种情况发生，我们必须转换我们的思维——用许多人的头脑来思考，必须转变我们的感受方式——用许多人的心灵去体验。换言之就是，必须要发展我们平等沟通交流的众商能力，培养同理心。那么，这句话的具体含义是什么呢？

用世界的“头脑”来思考

如果我们能够用严肃的态度，从他人的角度出发认真倾听，并且愿意准确地、毫无偏见地理解他人的立场和意图；如果我们能学着用对方的眼睛去看、用对方的耳朵去听，认识到他人的表达方式和思维方式是对我们自己观察和思考的补充，总的来说就是，以完全平等的心态面对他人，那么我们就能从他人身上学到更多东西。只有严肃的平等态度才会给我们带来一种能力，近乎设身处地地从对方的角度观察和考虑问题，在用我们自己的头脑思考之余，也能用对方的头脑去感知和思考。如果我们把这样的心态扩展到更多人身上，就能学着用更多的眼睛去观察、用更多的耳朵去倾听、用更多的头脑去思索。

穆罕默德·尤努斯曾经这样说过，他十分幸运，拥有两种类型的教授作为自己的导师。他的第一批指导教授来自他就读而后任教的美国精英大学。从他们那里，他学习了一种形式的经济学，那就是如何成功地设计并掌控企业，学到了关于整个国民经济的经济学理论。另一种类型的导师则是那些来自孟加拉国的妇女们，她们不会读书识字，此前从未与财富打过交道，更不必说创立企业了。从她们身上，他学到了另一种截然不同的经济学：该如何从“绝对贫困状态”出发，设计并成功地创建经济框架。从早先的那些教授们那里，他从未听闻这样一种类型的经济，因为他们对此一无所知。只有当他仔细地倾听那些孟加拉妇女的倾诉，与她们探讨最基本、最严肃的问题，并且用一种毫无保留的态度，从她们的视角出发，认真面对她们的时候，他才能够学到关于这样一种经济学的鳞爪。对尤努斯来说，他从中有了一个重要的认识：只有放下身段真正平视对方，才能够真正看清楚一个人的性格、本质和能力。

用这样的态度，在团队协商过程中，在创造性的团队工作和高效能团体中，我们就称得上是一个很好的参与者。我们会学着喜欢和珍视人与人之间的差异以及人们看待问题的不同角度。运转良好的团队流程能够将很多要素聚集到一处，而单个的人根本不可能考虑到所有的要素，更谈不上将它们创造性地综合起来。

放下身段，与他人平等地交流，逐渐学习用许多人的头脑来思考，这绝不意味着放弃或是稍许削弱独立思维，而是完全相反：对于复杂而系统化的思考来说，一个人在思维中吸收的来自各方面的角度和观点越多，他的感知力、思考力和判断力，以及他的创造力和整合能力就会变得越锐利。独立思考和丰富多样的感受能力在上升发展的过程中将会互相促进。个人的意见仍然保持着它的重要性和宝贵价值，但是他人的意见会变得越来越可贵，越来越受欢迎。阿博都·巴哈[㊀]曾经这样说过：要是两个人发生争吵，两人都有不是之处。争吵本身就是错误，也就是说争吵之所以酿成错误，是因为一个人与他人争吵时将自己抬到了比他人更高的位置上，这破坏了探求真相的本意。更好的交流形式应该是，到了最后，每个人都能清楚地表达出他从别人那里学到了什么。要想如此，重要的是对结果保持一种开放的心态。

同理心：用人类的心灵去感受

同理心更前进一步，更为深入。有了同理心，人们不仅仅能参与他人的思想，而且还能参与到他人的感受中。对于一个人来说，另一个人之所以重要，不是仅因为他能令自己开阔思路、给自己推动和建议，而是更简单直接，是因为他作为一个人，作为一个完整的生命，拥有属于他的一切感受（忧虑、恐惧、希

㊀ 阿博都·巴哈：巴哈伊信仰创教先知巴哈欧拉的长子及指定继承人，教内人士称之为“教长”。他是巴哈欧拉的指定继承人，是经典的法定解释者。在巴哈伊信徒的心目中地位特殊，受到崇敬。——译者注

望和向往)，也包括他对一个更好世界的梦和幻想。

当然，没有人拥有无限精力，能够总是强烈地去体会所有人的感受，因此我们在这里说的是原则上针对所有人的一种同理心。我们当然可以对他人的行为表示反对意见，可以清楚地、明确地指出某种行为在什么地方对他人造成了损害。但是，我们的驳斥并不是针对这个人本身。友好、关注、同情、热情而友善，这些都是我们应当向他人展现的态度，因为我们把人当作人去尊重并珍视。如果我们只是给予身边的人这样的态度，或是仅仅这样对待自己的朋友，或者德国人，或者白人，或者教内兄弟，那我们就是把这些基本的美德变成了武器去针对那些我们所排斥的人。只有当我们从原则上以同理心去面对每一个人的时候，才能真正在自己的人性当中得到发展和升华。

我们要想实现真正的深层次学习过程，只能通过长期清醒地主动持续培养我们自身的同情能力。只有凭借同理心，我们才能在寻找更好的方法去解决个人和社会问题时突破自我界限，付出极大的努力去争取取得特别有效的创新结果，最终克服思维上的障碍和局限。利用同理心，我们会把自己与其他人的忧虑和渴望更多地联结起来，会在实现普遍有益于人类的目标过程中，更加有动力、更加充满灵感，以及更加意志坚定、富于勇气、雄心勃勃。我们的同理心发展得越强大，我们的生活就会变得越充实，我们的每一个决定也会变得越来越富有意义。

关键就在于我们的同理心针对的范围必须广博深远，兼容并蓄。一般来说，对新生儿和幼儿产生共情并不是特别难，但孩子的年岁越大，我们就越会倾向于区别对待所谓“可爱”的孩子和“难对付的”孩子，共情程度将有所差别。但是，我们同样也要克服困难，与后面这类儿童成功地建立关系。这属于普遍的伦理道德，而不仅仅是对教师的要求。由威尔弗雷德·施莱（Wilfred Schley）和海尔格·布朗宁（Helga Breuninger）开发的“关系学习”项目可以在这方面帮助我们更深刻地理解实际生活中运用同理心的价值，并在具体的人际关系中付诸实施。

同理心并非做善事，随处施舍同情，更加不是“助人为乐综合症”影响下的行为方式。通过对每一个人发自内心的高度尊重，同理心要表达的是，我们人人都面临着巨大的挑战去找到我们的任务、我们的位置和我们存在的意义，在追寻意义的过程中互相关注、互相支持就属于同理心的一部分。在这个时候，拥有同理心具备双重效应：一方面能够支持他人，走他们的路；同时支持我们自己稳稳地走在自己的路上。

有些人会表示反对，他们认为，当自己面对周围的人时，骄傲自负能令他高人一等，大出风头，通过这种方式他才能最好地发展个性，提升自己在社会中的地位。这样的人其实并未意识到自己失去了多少东西，他也没有觉察到自己必须变本加厉地通过陈词滥调、通过贬低他人和其他群体来弥补自己同情能力的缺失，他不得不反复地“解释”，为什么自己在如此多的人际关系上一败涂地。缺乏同理心或是毫无同理心的行为方式，会导致一个人几乎完全无法从人际关系当中学到任何东西。

反过来说，一步步地学着“用许多人的心灵去感受”，能够无法想象地丰富自我感知能力、体会能力和成功维护人际关系的能力。

机会源自不可能

一个人最美好的任务和能力之一就是不断地成长，进一步超越自我。平视他人的态度和同理心，以及由之而来的社会能力的完善，正是在这个过程中最有价值的发展加速器。

要是真正进入“用许多人的头脑来思考”和“用许多人的心灵去感受”的状态，我们一定会十分惊讶：通过这样的方式，自己在生活中“长出了多少双手、多少双脚”，积累了多少技能，这些都远远超过旁人和我们自己相信的我们具备的能力。那位已被人遗忘的哲学家汉斯·费英格㊀（Hans Vaihinger）在他的《仿佛哲学》一书中，用这样的表述方式总结了他的核心思想：“不去相信有可能积极正面地创造事物，简直愚不可及。”在一个孩子身上，最初并不是恐惧和漠然，而是好奇心和游戏般的信念，才让他能够通过模仿、通过不屈不挠地尝试，去学习和掌握刚好摆在他面前的任务。德摩斯梯尼㊁（Demosthenes）就一

㊀ 汉斯·费英格（Hans Vaihinger，1852—1933）德国新康德主义哲学家，虚构主义哲学创始人。出生于图宾根，曾任斯特拉斯堡大学特约教授、哈雷－维滕贝格大学教授。费英格是著名康德学者，他的思想深受康德影响，同时又与实用主义关系密切，他称自己的思想体系为“实证的唯心主义”或“虚构主义”。他的主要著作有：《康德〈纯粹理性批判〉注释》（两卷，1881～1892）、《哲学家尼采》（1902）、《国家考试中的哲学》（1906）、《仿佛哲学》（1911）。——译者注

㊁ 德摩斯梯尼（Demosthenes，前384年—前322年），也译作狄摩西尼或德摩斯提尼，古希腊著名的演说家，民主派政治家。他有大量作品传世，今存演说61篇，系古代雄辩术的典范，但部分疑为伪作。传说他先天口吃，于是含着石子来诵诗，训练口齿，又到浪声呼号的海边去练习演说，增强自己的声量。——译者注

直坚信，尽管口吃，但自己一定能成为一名伟大的演说家。我们从一开始就必须真正认识到，一切可能做到的事情，曾经都被认为绝不可能。

如果有人发自内心地觉得必须为某个问题找到一个比他目前得到的答案更好的答案，要是他坚持自己内心的这个需要，拒绝让那些自以为无所不知的无知者拦住去路，如果他就这样一直坚持寻找、不断思考，那么他一定会在那个绝不可能的问题上发现一个又一个思维的盲点。如果我们一直不允许有人去质疑地球并非圆盘，而是个球体，那么就不会有人发现地球是个球体。作为人类的一员，我们不能仅仅对其他人积累和创造的知识抱着热切的求知欲，而更应该满怀探索和发现的渴望。我们应该不断鼓起勇气，并且互相鼓励，面对目前我们在思想上、创造上、发现上和实施上所遇到的极限寻根究底。有意义的正确目标和简单直接的开放式问题，常常是打开一扇扇大门的法宝，令人感觉不可思议。

近年来，丰富的社会创新形式大批涌现，而这个社会创新的世界能给我们提供极大的勇气，鼓励我们开始尝试，为了我们自己，也为了他人，“无拘无束、无穷无尽地”去寻找更好的解决方案。在社会创新领域最令人惊讶的发现莫过于，它们从核心来说都简单至极。创新的解决方法总是有迹可循的，要想发现它们，所需要的无非正常的理性、合理的常识，还有坚持不懈地寻找和思考。这几点同样适用于“个人创新”，意即为自己的个人发展找到创新之路。在这方面需要的，不外乎利用常识与理性独立思考，并同时深入他人的思维和感觉世界，开启发现之旅，坚定不移、百折不挠。

除此之外，我们还应当力求让自己在另一个方面“进一步摆脱局限，更加自由”。我们不应该再仅仅把自己视为一名职员，视为一个自然科学家、经济学家、理论家、实践家、艺术家、管理者、活动家，或者是其他哪个我们目前从事的职业给我们划定的身份，这只是人生之路上中途停靠的驿站。如果我们作为一名经济学家，从事本职工作之余还积极参与克服贫困的社会活动的话，我们也许能率先创建运行良好的小额贷款机构，为那些最贫困的人群提供机会，让他们能够获得独立经营所需的小额贷款，并且还有可能进一步形成具有划时代意义的社会企业思路。如果我们是音乐家，并且突然对伟大的自然科学家们开创的系统化思维方式产生了兴趣，那么，基于我们对千差万别的乐器及其声响在协奏性互相配合上的音乐直觉，我们或许可以用更好的方法向广泛的大众传授系统化思维方式。如果我们是自然科学家，某个时候开始迷上了研究哲学基本问题，也许我们能从全新的角度，用一种全新的语言来让哲学世界变得更加充实和丰富。如果我们在从事研究工作方面学有所长，某一刻却在其他的“日常”生活领域遇到了教育方面的问题，并且因为同理心而感到这些问题与自己息息相关，那么我们也许会研究出迄今为止世界上最具创新意义的教育体系。如果我们是投资银行家，同样在我们的个人生活范围内突然感觉到，对于教育方面的缺陷，自己无法置之不理，那么我们也许会成为世界上最成功的数学教师，顺便还能设计出世界上最能激发学生积极性的数字化学习方案。

我们提到的这些“职场突破”涉及的人物都已经闻名世界，从本质上来说，在这些人的生命中，其职业道路都在崭新的空间里获得了妙不可言的突破。然而，我描述的这一现象绝不仅限于这，屈指可数的一小群人。维基百科使许多身份各异的人突然变成了百科词条的编撰者，他们在这个过程中不断完善自己，使自己越来越出色。从一种职业转换到另一种职业，有时甚至是另外几种职业，在这个世界上到处都是还未写完的故事。

我们所有人都能够并且应该参与到更多的生活课题中去。为什么？因为这种态度会使我们赢得不可思议的生活经历，探寻我们自己的潜力。通过“跨界”的第二兴趣和第三兴趣，以及所谓的“跨界履历”，我们会目睹这样一种效果，这也是创造力研究专家们分析得出的结论：一个人，如果带着他从某一生活领域中练就的思维方式和获得的各种能力转换进入另一个专业或者生活领域的时候，他会自然而然地利用他原先获得的思维方式和能力。我们会在新的领域中学习新的模式和必备的新技能，并且会下意识地将它们与从前的那些东西结合起来。正是经过这样的过程，那些转行的人通常都比只在一个领域内学习和生活的人更加富于创造力。

与前代人相比，我们今天不仅仅是“活在”同一生命中，从生命的时间和生命的密度来说，我们经历的是多层次、多角度的生活。难道活三世、五世乃至十世都非得留下一份一成不变的履历？要知道，多个维度的生平经历之迷人而丰富，无可比拟。

人类潜能的宇宙

人类的潜能是无限的吗？毫无疑问，不是。然而是否有人确知人类潜能的边界在何处？同样毫无疑问，没有人知道。如果我们愿意进一步进行细节描述的话，必定会将人类历史描述成一部充斥着亿万次创造性颠覆的历史，当年那些据说皆无可能的论断，一次次被证明都是错误的判断。奥地利经济学家约瑟夫·熊彼特（Joseph Schumpeter）把经济学史形容成对当时每一个技术成就和商业模式“创造性的破坏”。我们应当将这一观点扩展并运用到我们个人的发展和人类的发展中去。在此，最好的“创造性破坏的工具”就是从自我导向转换到众商导向，以本书所提及的众商能力为方向，拓展自我能力。要想与时俱进地思考和行动，开辟人类潜能的全新空间，其中的秘密就隐藏在众商基因里：以流程为标准，以共同利益为目标，共同协作。

正如前文中已经提到过的，把技术创新和数字化创新与社会创新结合起来，我们将会成为全球化文明社会中积极参与的思考者和行动者；我们将成为日益国际化、网络化的团队中的一员，成为团队当中的设计思维实践者，致力于创造新的社会创新和其他领域的创新形式；我们将成为新型商业模式的协同合作者；随着 3D 打印世界即将来临，我们还将成为所有产品的产消合一者，不仅仅是消费者，而且同时是生产者。我们将在生活中扮演一个更加积极、更加活跃的角色，这远远超过我们对目前自身能力的自我评价。我们能在何等程度上实现这样的转变，取决于我们有何等勇气告别熟悉的个体文化，踏入众商世界以及与之密不可分的众商文化。

众商世界并不是什么精英云集的盛会，每个人都能学会转换自己的方向，走进这个世界。以携手合作为导向，以共同利益为目标，我们每一个人给自己重新定位的速度越快，人类潜能发展的崭新空间就会愈加迅速，愈发充满活力地呈现在我们面前。

几十亿倍的潜能发展

在过去 100 年中，全球国民总收入增长了 16 倍。尽管同时期内世界人口增加了 4 倍，地球上的人均收入增长仍有 4 倍之多，这是经购买力调整后的数据。不过，收入的差距是巨大的。卢森堡居民的年平均收入超过 8 万欧元；摩纳哥甚至超过 165 000 欧元；而与此同时，在非洲的内陆，刚果居民的年平均收入只有 540 欧元。这只是人均收入的对比。如果让最富有的 85 位地球公民一同居住在一个小村庄里的话，他们拥有的财富总和就超过了全体人类中收入偏低的半数人口，这样的差距几乎相当于一人拥有 4000 万人口的财富，而 4000 万是德国人口总数的一半。所谓的潜能发展机会，差异之巨大，毫无可比性，至少在目前，我们离机会均等的距离仍应以光年计。在这样的前提下，像“竞争”这类的概念只能说是充满了讽刺意味。这样的“竞争”就相当于在一个体育项目中让一位截肢选手与坐在超音速喷气机里的飞行员进行比赛。

我们如何才能走出目前这个封闭运转的系统，目的是最终不仅仅只有少数人，而是所有人都能明显变得更加富裕？这在有些人耳中听来有点不切实际，但要是稍稍变换方式来提问的话，我们或许会更接近答案：要是能鼓励所有地球居民为了共同的目标，全面地发挥出各自的潜力，我们会看到一个怎样美好的新世界？

有一部分人已经正在实践一种合作共赢模式，在这一模式下，到底什么是真正重要的财富，对于这个概念他们心目中早已有了新的基本理解。当人们在主观上认为目前的物质条件已经相当丰裕，而尽管在程度上有所差异，但也还谈不上过度富裕的时候，从这一现状出发，如果仅仅是在物质上单方面增长，那么带给人们的体验更多的时候却是财富增长的停滞感。真正的富裕和满足感生长于另一种环境下——超越个体文化，在社群文化的土壤中，伴随着不断增长的众商能力和全面广泛的潜能发展。因此，我们绝不能断言物质发展的前沿阵线已趋于停滞。在地球上，还有许多人（非常非常多）他们毫无疑问同样需要物质方面的显著增长，即便是那些对自己的生活水平相对满意的人，如果新物质的成就发展能够越来越接近全面的可持续标准的话，他们也非常愿意继续从中获益。

在有些社群里，众商的意义已经真正超越了智商，他们个人以及集体幸福水平的提高主要体现在下面的成功经验中：

- 当周围环境以及周边的尽可能大的地区都在持续发展的方向上取得了进步的时候；
- 当人们自己学着，也在相关的工作团队和业余活动群体中学着，不再采取相互对立的态度，而是互相帮助、共同合作的时候；

- 当关注的态度、同理心和平等的视线在个人的社会交往关系中不断增加的时候；
- 当人们能够把社会创新和生态创新越来越多地融入自己的日常生活的时候；
- 当人们能积极参与，并做出自己的贡献，使社会创新和生态创新的世界以及众商趋势发展得更为强大，并因此让世界的发展逐步变得更加持久、更加人性化的时候。

然而，还有另外一部分人，他们根本不具备最基本的物质前提，完全无从展望这样一种生活前景，他们仍然停留在为每天的生存而奋斗的状态下。对这些人来说，潜能发展又意味着什么？我们现在谈到的这一群人，毕竟占据了全球人口总数的近乎一半。

在那些地方，最迫切的需要是经济发展，迎头赶上，摆脱目前的贫困状况，而且全世界所有的行业、所有的区域和组织都必须将其当成任务中的重中之重，迅速地、全心全意地帮助其发展。在这一过程中，我们必须将全球文明社会的积极性高度调动起来，迅速地采取行动，成为根本的推动力量和创造性社会创新的急先锋。我们更要坚信：这 30 亿 ~ 40 亿人能通过集中的共同努力，脱离走投无路的绝望境地，尽可能发挥自身潜力，进入充满希望的状态。这将会给整个人类社会带来更多和平、更多持续发展的机会，以及更多创新力量和更多精神上以及物质上的财富，其结果将远远超过采取其他任何一种措施所能达到的效果，而唯一的前提条件只是：我们必须清楚地认识到，他们的发展正是人类一直闲置的最宝贵的潜力，我们必须容许并且鼓励和推动他们的发展。

没有任何一点理由能够证明，为什么在那些至今"不发达"的国家里，人们的潜力就理应低于所谓"发达国家"的人民，而事实有可能刚好相反：800 余万名获得格莱珉小额贷款的妇女们，她们从自己的经营活动中赚取了第一笔财富，用余留下来的钱款进行的第一项投资就是对自己孩子的教育投资。尽管她们自己大多数还是文盲，她们的孩子却都百分之百学会了读书写字，而且绝大多数都属于最勤奋的学生。这些孩子当中，很多人完成了大学教育，甚至在大学里也表现得极为出色，远远超出平均水平。这里的人们，从目不识丁的文盲到一心向学接受良好教育的社会精英，他们只用了一代人的时间就完成了蜕变。

尽管中国采用了另外一种方式来赶超世界，它的情形也并无两样。尽管目前在贫困阶层中，教育还被过于片面地等同于“头悬梁、锥刺股”，一味地刻苦学习，但是勤奋好学已经给社会带来了天翻地覆的惊人变化。在过去 20 年里，超过 3 亿的第一代中国人从最困难的贫穷状态中挣扎出来，尽管他们目前还受困于相当艰苦的工作环境中，但他们在此期间尽力供自己的孩子接受高等教育，尤其是在工程科学和经济领域，每年超过百万人众。在他们的下一代当中，接受过良好教育一心向上的优秀人才堪与西方的顶尖水平人才比肩而立。在中国，人们已经雄心勃勃地登上了下一个台阶：北京大学正在开展一个设计思维的试点项目。如果通过这个项目能够找到适合中国发展的正确形式，那么其现在就已经在考虑，在全国范围内将设计思维作为面对所有大学生的基础训练。中国希望成为世界上最现代化、最富创造力的研究实验室。

从德国战后发展的经验当中，我们见识到了追赶式的发展带来的动力，我们清楚地知道它能够释放出何种能量。只要人们在展望未来时将希望寄托在开发潜力上，它就会释放出极为强大的力量。马来西亚当年没有高等院校，甚至连一所能够让学生获得进入高校资格的中学也没有，自开始走上这条路之后，只过了不到两代人，就成为拥有多所顶尖高科技院校群、在教育方面生机勃勃的人最有活力的国家之一。在伊拉克和伊朗，从 19 世纪 70 年代开始，因为自己的国家没有足够的发展空间，导致最优秀的年轻人全都流向西方国家。新千年伊始，美国曾发起一项调查，查证最优秀的大学生所拥有的移民背景，结果令人大跌眼镜：最好的学生偏偏是那些来自当时美国最主要的敌对国家伊朗和伊拉克的，为了逃离独裁政府而流亡到美国的学生。印度一直以来集中精力发展计算机信息技术行业，如今培养了世界上最多的计算机行业顶级人才。巴西产生的社会创新者尤为众多，并因此建立了世界上第一个正式的社会创新项目交易市场。

正是在某种发展已经成为当务之急的那些地方，一旦出现哪怕最微小的机会和希望，亟待发展的需要就会促成敏捷的反应。目前，在世界上物质匮乏的贫困地区，有一个讯息正在飞速传播：通过蓬勃发展的社会创新文化，人们已经显著加快了迈入技术创新和数字化创新门槛的实施速度。社会创新发挥着它的作用，成为目前落后地区追赶式发展中最佳的、最有价值的发展加速器。仅仅以科技化和数字化为目标的发展过于片面，相比之下，社会创新本身还携带了另一种基因。在社会创新中，明显埋下了更多共同富裕、竭诚合作和持续发展的种子。与我们那种过多陷入物质层面的幸福观相比，社会创新生发出的是另一幅富足生活的前景，它能够面朝众商文化的方向，成为改变世界的最有价值的工具。

如果人类社会中目前仍处于劣势的一半人口能够在强大的众商模式下开始发挥自己的潜力，我们将会共同展望未来，打破整个世界旧有的富裕观念，达成对共同繁荣的全新理解。这样的发展带给我们的好处甚至不止于此，还有很多令人欣喜的副效应：大批难民流亡国外的根本原因将会消失。对更好的生活充满希望，会给整个世界带来和平。如果我们这些身处传统工业国家的人能学着去理解，全球范围内的底层阶级的努力发展、迎头赶上，绝不意味着对我们的富裕生活产生威胁，也不见得必定会影响我们保持良好的地球生态系统，努力认识到这一点，将会促进全球合作的意愿，达到一个新的层次。

追根究底，我们需要的是能够将潜能发挥几十亿倍的文化，它应该以最快的速度，尽可能广泛地囊括整个人类，能够最好地、尽可能全面地领会文化转型带来的崭新的繁荣前景，从片面的个体文化迈向系统化、整体化的社群文化。以众商文化以及由此生发的共同繁荣前景为前提，个人和集体发挥出潜力，将为我们带来一个目前还难以想象的更加富有的世界。在那个世界里，财富将以持续的、充满意义的、从社会角度看更加平衡的形式呈现在我们面前。在这条通往众商未来的道路上，我们完全不必担心失去什么。同样，我们也不必担心无法足够快速、全面地为持续性改造生活和经济提供必要的资源。从目前孟加拉国推广太阳能的活跃程度和速度来看，这个国家在短短几年之内就能百分之百地完成能源转型，全面利用可再生能源。与发展中国家合作，以及在发展中国家内部进行彻底的生态转型，态势强劲，切合实际，类似这样的例子足以填满一本厚实的书。

第4章
WEQ MORE THAN IQ
Abschied von der Ich-Kultur

众商的思维及行动智库

社会变革的战略

越来越多形式丰富多彩、极具创造力的社会群体已经开始采用众商的思维和行动模式。众商本身具备极大的潜力，它将会发展成一场席卷社会的运动，无论是规模还是意义都堪比当今的环保运动。达到这个目标正是摆在我们面前的任务之一，第二个任务则是建立一整套基础设施体系，一个遍及全球的生态系统，让所有愿意参与众商文化转型的个人和机构能在其中展开多方合作，相互促进。为了推进这两大任务，众商运动的倡议者们联合起来开展合作，他们每个人都选定了自己负责的领域，吉尼西斯创新研究院（Genesis Institute）也恭列其中。本章的主要内容就是阐述创新研究院在这方面的工作情况，随后的几章则详细展示了其他几位众商倡议者思考和行动的成果。本书以最重要的一章作为结尾：邀请每一位读者、每一位公民找到属于它们自己的位置。

自 2008 年创立以来，吉尼西斯创新研究院一直将自己定位为思维与行动智库，致力于尽早识别出全球社会中极具价值的、前景乐观的新发展趋势，并将其广为传播；社会走向全面突破需要一些基础设施和条件，研究院也希望能够承担一份责任。在这个方面，创新研究院目前正遵循三大思路方向开展工作：社会企业方面、社会创新方面、教育创新方面（尤其重要）。

为了让公众能够强烈地感受到这一未来趋势，让因此而产生的社群团体能够紧密地联合起来，并产生新的参与者，创新研究院充分利用了“前景峰会”（Vision Summit）这一形式，这是由吉尼西斯创新研究院专门发起并独立组织的年度大会。同时，创新研究院致力于挑选合适的伙伴，与其展开合作，共同发起为众商大趋势服务的重要基础设施项目，并推动这些项目的具体实施工作。本书中提及的由大卫·迪亚洛和玛丽安·奥伯米勒组织开展的一系列活动就是很好的例子，她们也同属创新研究院的联合创办人。由创新研究院组织发起并积极实施的各项活动可以用以下几个关键词来概括：议题设定（agenda setting）、新媒体世界（new media world）、新项目世界（new event world）以及变革机构（change agencies）。

以上几大任务也是创新研究院在最新定义的众商大趋势环境中的行动领域。下文中，我将简明扼要地叙述创新研究院计划完成的一些课题。

我们还新增加了一项重点，内容有异于至今为止的其他工作：从社会政治创新的角度出发来思考社会创新，并且发起社会政治方面的相应的行动。我们可以用 4 个例子来阐释这一新增的维度。在构想所有这些相关的倡议和项目时，我们一直坚持从超越政党政治的角度出发。众商思维方式从根本上要求一种包容性的思维，要求尽可能赢得所有社会流派的支持和参与，在一种崭新的众商文化氛围中进行全新的思考、采取全新的行动。

以创新 4.0 代替工业 4.0：一种新的创新文化

有充分的理由证实，在社会意义层面，我们必须将社会创新与技术和数字化创新同等看待。这一认知已经在我们的社会中活跃地传播和蔓延，令人深感欣慰，但在社会政治方面还有些地方亟待加强。

尤其在两大领域中，我们必须首先认识到社会创新的重大意义，才有可能获得期望已久的整体社会创造力，特别是获取更为主动有效的政策支持，这是一个富有创造力的社会必须具备的条件。

一方面是社会福利领域，在这一领域，刚开始的时候，人们担心社会创新者有可能会威胁福利组织的存在。现在看来，这一疑虑正在消退，人们逐渐认识到，事实上，我们十分有必要继续发展一种明显更具活力的社会创新文化，在社会福利组织和独立的社会创新实践者之间，能够找到非常多有意义的、明智的合作机会。目前看起来，在这一领域的发展已经走上了正轨。

然而，另一方面，经济领域的情况则有所不同。尽管在这个领域，人们也开始逐渐认识到社会创新的价值，但是对很多企业来说，它们眼下最担心的莫过于来自数字化创新领域的紧迫压力，它们不得不随时努力追赶最先进的 IT 创新技术。随着数字化创新变得越来越重要，欧洲企业尤其是德国企业在技术上的领先地位受到了威胁。近年来，即使是规模最大、技术最强的公司也在自己的市场中感受到了 IT 企业的强烈攻势，谷歌无人驾驶汽车对整个汽车行业的挑战就是一例。对此，德国政界与经济界共同打造了名为“工业 4.0”（Industry 4.0）的一系列战略，这一主题迅速占领了几乎所有经济会议和未来趋势大会的议程表。2011 年，在汉诺威工业博览会上，“工业 4.0”概念首次向公众推出，自此之后，它成为德国联邦政府和工业界在高科技战略领域的最重要的未来发展项目。“工业 4.0”以“物联网”为技术基础，目标是使制造技术全面信息化，打造“智能工厂”（smart factories）。这就是说，企业发展的方向是能够把来自客户世界的信息，以及来自其他包括商业伙伴、政府部门以及活跃的文明社会在内的所有领域的信息，尽可能直接融入自己的生产战略和生产流程中去。

欧洲经济界和政治界审时度势，把当前思考的重点放在这一方面是完全可以理解的，但是我们同样应该明白，仅仅关注这一焦点其实过于短视，并不利于实现它本身的终极目标。

时至今日，企业已经不得不将社会化创新纳入未来发展战略的每一步。从前文中具体描述的太阳能电池技术创新和小额贷款社会创新相结合的实例中可以看到，企业的社会创新思路对于开辟“新兴市场”，尤其是那部分来自贫困地区新兴工业化国家的新市场，起到了举足轻重的作用。但是，它的重要性还不止于此，今天，企业和员工之间关系的社会化创新也同样强烈地影响乃至决定了企业未来的能力。可以预见，社会化创新将剧烈地渗透并改变整个经济世界，它产生的影响绝不弱于数字化创新。后文中详细描述的社会政治领域的众商倡议项目“众商公司”（WeComs），将通过另一个重点案例清楚地揭示这一趋势。

我们不得不认识到，技术创新、数字化创新和社会创新一样，都与我们的未来息息相关。除了创新研究院之外，2015 年夏天成立的“劳动就业与社会未来联盟”（ZAAG）也在同一时间意识到了这个问题。ZAAG 是一个整合经济界、文明社会和教育行业的跨领域联盟，以劳动就业与社会的未来发展为目标，以人为本，考虑问题时把人放在中心地位。ZAAG 联盟由托马斯 · 沙特博格（Thomas Sattelberger）特别倡议发起，他曾在四家德国 DAX 上市公司人事部门工作，他是人力资源领域社会创新中当仁不让的领军人物。

创新研究院和 ZAAG 联盟目前正在开展合作，

共同打造一个新的思路。我们认为，“工业 4.0”包含的内容过于狭窄，希望能进一步扩充这一概念，再增加一个维度，也就是作为创新世界第三根支柱的社会创新维度，并且将全部三个维度整合起来，形成一套全新的创新理念。我们双方把这一更加全面的新理念定义为“创新 4.0”，并计划在 2016 年正式推向公众。我们的目标是在整个社会中展开关于新的集成式创新文化的讨论。由各个领域共同发起新型协商会议，或许可以帮助我们实现这一目标。

众商公司：合作社 2.0 未来的企业形式

社会创新以及数字化创新领域充满生机的发展景象，带来了近几年合作社思想的复兴和日益壮大。其原因究竟在哪里呢？

无论从目标的设定还是基本精神来看，社会创新都与合作社理念相当近似。国际合作社联盟 ICA（International Co-operative Alliance）对合作社（Co-operative）的描述如下：“合作社是一个独立自治的协作团体，是人们为了实现共同的经济、社会和文化需求以及目标而自愿联合组织起来，由大家共有的施行民主管理的企业……合作社建立在自助、自负盈亏、民主、平等、公正和团结等价值观的基础上……合作社中每一个成员都信奉的道德观念是诚实、开放、勇于承担社会责任和关心他人利益。”这些价值观念与社会创新领域的价值观几乎完全重合。因此，可想而知，越来越多的社会创新者在创办企业的时候会都采用合作社形式。用通过合作社形式组织起来的社群团体来安放社会化创新的理念，并且利用这样的方式轻松而快速地得以提升，这些实践进一步促进了数字化社会创新，为合作社思路描绘了全新的图景。

合作社思想的复苏速度加快，这其中的第二个契机在杰里米·里夫金的一项观察中得到了解释，他在新著《零边际成本社会》中，利用目前世界经济转型的现实明确阐述了这一点：由于颠覆性的技术创新阶段发展速度越来越快，而数字化创新又再次加速了这一过程，导致越来越多产品和服务的边际成本也在以越来越快的速度下降，甚至边际成本趋于零。如此一来，越来越多的人和越来越多的群体能够更加方便地成为生产者，他们可以自己组织开放性的“协同共享”经济，而这正是合作社的一种入门形式。

在资本主义体系当中，艰难残酷的创新竞争决定了边际成本一定会系统化地不断降低。总有一天，这将导致资本主义的另一个前提条件——边际收益的进一步减少。这是资本主义体系的内在特征之一。有些企业能够深刻理解全球化和垄断效应的优势，它们懂得如何利用这些优势来暂时弥补边际收益减少的影响。然而，在越来越多的产品和服务领域，全球化和垄断效应已经在一定程度上消失殆尽，原因是在这些领域里，已经用符合经济效率的方式组织起了协同共享经济，边际成本几乎为零。面对这个已经逐步显露出来，并且日渐强烈的趋势，杰里米·里夫金提出了一个大胆的推论，到 2050 年，世界经济总量的一半将取决于协同共享经济——结合了合作社与近似于合作社的经济形式：

> “一种新型的经济体系——协同共享（collaborative commons）踏上了世界经济舞台。这是自 19 世纪早期资本主义和社会主义体系形成以来，第一个真正有可能生根发芽的新经济模式。它给我们的经济生活组织方式带来了根本性的改变，这一改变给我们带

> 来了希望，它不仅有可能迅速地大幅度缩小贫富差距，而且将会带来世界经济的民主化，以及建立一个生态可持续社会的机会……合作社正是在边际成本趋于零的社会条件下，一个唯一能正常运行的商业模式。”

不过，里夫金并没有因此而预言资本主义行将结束。他认为，在有些领域里，50 年甚至 100 年之内，协同共享经济和合作社仍然无法完全取代由资本带来收益的企业形式。他看到，在这两种企业形式和经济模式之间，存在着非常多理性的合作空间和合作方式。

绝大多数人大大低估了现有的合作社在目前经济和社会领域所占的比重。根据国际合作社联盟（ICA）的数据，全球范围内，有不低于 2.5 亿人的日常收入来自合作社，另外还有将近 15 亿人口参加了合作社组织。在美国和德国，每 4 名公民当中，就有一位是某个合作社的成员；而在日本，他们是人口数的 1/3；在加拿大和法国则超过半数；在印度和中国，则分别有将近 4 亿人口属于合作社的一员。近些年来，在合作社组织形式一度盛行的传统行业比如农业和银行业领域中，合作社在人们眼中的声誉以及营业额重新显著上升。2008 年，上一次全球性金融危机爆发时，合作社银行渡过难关的表现明显强于私营商业银行。在德国，合作社银行目前覆盖了金融行业 32% 的业务量，已经超过了包括德意志银行（Deutsche Bank）和德国商业银行（Commerzbank）等在内的私有银行系统。

但是，未来几年，广泛的经济领域里还将会有更多的行业加入，采取合作社的组织形式，其中一个大规模的领域就来自所谓的“共享经济”（sharing economy）。目前，一提起共享经济，公众在心目中就会联想到优步（Uber）或者 Airbnb 这样的公司。尽管这类公司的核心理念确实是社会化创新，它们的商业模式正是建立在这一基础上，但是它们实施时采用的经济手段仍然是纯粹的金融资本主义方式——以利润最大化为目的。一旦真正的合作社开始仿效这种商业模式，并投入实践，这些以盈利为目标的资本型公司便将难以为继，更何况模仿它们毫无难度可言。合作社将能够更快、更好地赢得公众信任，而且不需要很高的成本就能维持运作。这样的合作社已经在越来越多的地方出现，并且给它们的金融资本竞争对手带来了很大的市场压力。在替代酒店房间的私人住所临时出租市场上，Airbnb 公司最大的竞争对手是沙发旅行（Couchsurfing），到 2011 年为止，沙发旅行已经拥有 550 万名会员。同年，这家企业实现了私有化，但这一举措反而令它的增长速度自此放缓。这恰好提供了一个例证，证明在共享经济领域，金融资本模式并非成功的最佳保障。优步、Airbnb 这些公司处于公众舆论的风口浪尖上，招致了大量的激烈批评，这也为合作社形式的发展提供了良机。

能源经济行业属于最大的传统经济领域之一，舍瑙能源公司（EWS）的案例显示了能源合作社在这一行业中的发展潜力。该公司以合作社为组织形式，以可再生能源为唯一的方向，专门支持可再生能源的发展，这一模式甚至令能源巨头公司感到恐惧而这家公司是非常严肃的竞争对手，甚至害怕威胁到自己的生存。可再生能源的价格越低廉，组织合作社模式的潮流就越强大。仅仅在德国，就已经成立了九百余家能源合作社。能源合作社的形成趋势已波及全球，它不仅仅盛行于传统的工业社会，而且出现在新兴工业国家和发展中国家。

创新研究院发起了新一轮倡议，号召公众就“合作社 2.0”所带来的社会解放机遇和经济前景展开讨论。我们的第一个目标是加深公众对这一来自社会化和数字化创新领域的合作社新趋势的理解；第二个目标是建立并加强目前已经成立的合作社与新的合作社群体之间的交流和联系；第三个目标是强化公众意识，领会我们的社会在这一发展过程中面临的崭新机遇。这其中也包括为革新中的合作社树立一个新的形象。因此，创新研究院为全新的、更为广泛的、更为现代的、内容更丰富的合作社形式打造了一个新概念——“众商公司”（WeComs）。“众商公司”代表的是以众商为导向的社群团体，代表的是以众商为导向的公司，以及在新旧两种企业形式之间强调众商导向的“交流”（communication）。创新研究院同我们的初始合作伙伴慕尼黑施巴达银行（Sparda Bank Munich）以及其他合作社一起，首先开始着手探讨，在本地何处已经存在以合作社方式运转的新型社会创新模式，并且希望能找出特别适合下一步发展这种形式的经济领域。

创新研究院希望利用众商公司这一创意来推动一种社会政治的基础理念，这一理念在整体规划上特别符合众商思维的特征。如果在广泛的经济领域面临着边际成本趋于零的情况下，众商公司能够进一步被视为不可或缺的，并承担着未来希望的一种企业形式和企业哲学，那么这一认识将在我们的社会中更进一步大力推动社会化创新项目的发展。

全球性最低工资成为全球范围的转折点

要想让社会化创新能够发挥所有的社会政治效应，要想让经济生活和职业生活的众商文化转折能够引发所有的变化，还需要在另一个层面发展众商思维，也就是直接具体的社会政治方针这一层面。

早在 2007 年，积极参与社会政治活动的企业咨询专家乔吉奥斯·策尔瓦斯（Georgios Zervas）就因关于世界贸易透明化的一系列观点而获颁“远见大奖”（Vision Award）。2015 年，他设想了一整套全球性最低工资的思路。他建议，以每小时净工资 1 美元作为全球范围内最低工资的下限。这一设想一旦施行，结果将真正地改变世界。由于设计这个想法的初衷是不影响竞争，也就是说处于竞争状态中的企业之间的竞争条件没有扭曲，因此尽管这一步相当激进，企业界也能够毫无困难地分担。这个方法不仅能给经济界，而且会给所有国家、所有社会阶层，当然，尤其是所有当事人，都带来巨大的益处。创新研究院之所以愿意推广这个理念，是因为在其中看到了机会，这一理念有望在一个困扰人类已久的大问题上实现量子级的跃变，那是一个堪称最不人道、最令我们感到耻辱的问题：只要还有超过世界人口总数 1/3 的人仍不得不在全无尊严可言的工作和生活状态中苟且求存，我们就根本不可能严肃地谈论什么众商文化。

以每小时 1 美元的工资作为基础下限，成功地引入全球性最低工资，几乎会在一夜之间将有上亿人的收入状况得到极大改善。对那些受剥削最严重的人来说，他们的月收入将从 60 美元左右提高到 180 美元，翻了 3 番；而一条产自孟加拉国的牛仔裤，在我们店铺里的价格则会因此从 69 欧元上涨到 69.45 欧元，当然，前提是商品从孟加拉国到我们本地的零售商手上时，能够避免这条贸易链的中间环节出现“雁过拔毛”的效应。

在世界上那些倾销性的低工资地区，利用这种方式来改善工人收入状况，将会在短时间里结束全球范围内现代劳工奴役最为严重的弊端。这一举措将迅速并持续性地大大减少目前世界上赤贫人口的总数。以小时为单位支付最低工资，对雇主来说，让员工每周工作超过40小时就变得毫无吸引力，他们会马上意识到更好的办法是雇用更多人，让他们在轻松而积极的状态下工作40小时。在小时工资确定的情况下，让自己的员工工作60小时甚至更长时间，会突然变得不再符合雇主的观念。这样一来，工作将会分摊到更多人身上，相应地，会有比目前更多的人挣到工资和“面包”。紧接着，收入增加的那部分人会使出浑身解数，积极地利用这个能从贫困的恶性循环中脱身的机会。他们会去进修学习，会想方设法为自己和家庭寻找小小的额外收入来源，会积极参与村庄或城镇的事务，改善生存条件。他们会投资让孩子接受更好的教育，会投资太阳能家庭系统，投资使用数字化通信系统，以及其他更多的东西。他们会因此而成为自己家乡、自己国家最好的进步推动力量。

全球性最低工资一定会百分之百地受到那些最迫切需要这份支持的人的欢迎，因为这不仅是他们理应得到的，也是他们凭自己的劳动挣来的。它将因此成为地方性以及全球性最有效的社会项目和最高效的经济扶持项目。收入的增长部分几乎将全部重新流入经济循环，同时更高的收入还可以刺激消费，对大量来自传统工业国家的产品的需求也因之而活跃。尤其受益的是那些有利于分散化可持续发展的产品和那些有利于帮助人们更好地接触世界知识的产品，以及那些有利于帮助人们进入全球交流与分工的产品。

另外，全球性最低工资还将产生另一个极其深刻的影响，难民问题产生的一系列原因将被彻底消除。很多难民群体在世界上带来了极为严重的问题，难民当中的绝大多数人在自己的国家中一贫如洗，找不到出路，因此才启程前往欧洲以及其他福利国家寻找生存空间，而全球性最低工资将让他们能利用新的契机留在自己的家乡追求一份更好的生活。一旦能够看到实实在在的前途和希望，就不会有那么多人被激进的意识形态蛊惑。如果一个人有钱购置家用太阳能系统，并且支付得起相关的环保措施费用，以避免日常行为直接影响自己周围的生活环境，那他也一定很容易接受环保观念并加强环保意识。像孟加拉国这样的国家，由于小额贷款或其他类似因素而出现了繁荣增长的景象，他们的经验就是对此最好的证明。

乔吉奥斯·策尔瓦斯与创新研究院合作，发表了一篇标题为“一美元革命：全球性最低工资”的报告，旨在引发对这一设想的讨论。我们还将筹备倡议大会，采取进一步措施把这一构想纳入议事日程，并引入公众讨论的视野。

呼吁采取全球性最低工资的设想首开先河，我们应当在更广泛的领域里进一步大胆地思考，发展类似的能带来彻底改变的社会政治理念。从社会创新的角度出发，这一理念应该足够充分考虑到目前分化的世界社会尚难以承受过激的行动，还应该综合考虑具体的行动方式及其带来的影响。

教育行动：以发展潜能为方向的教育

在每一个社会领域中，教育都是最重要的领域，因为教育决定了如何彻底开发出人类的潜能，最终为我们所用。尤其是在如今这样一个时代，教育将成为最终唯一能够留存的重要资源。像地下矿藏、能源、资本等其他一切资源，在传统观念中对于一个国家或社会的富强同样举足轻重，但是在一个开放的全球化社会里已经逐步丧失了重要意义。头脑灵活的受过良好教育的人能够更轻松地思考出多种方案，用聪明的办法来利用这些紧缺的资源。他们“创造”出了资源效率（resource efficiency）、循环经济（circular economy）、分散的可再生能源利用方式、能源合作社、众筹（crowdfunding）以及更多生态化、数字化和社会化方面的创新方法。

在这条路上，教育革新不知不觉占据了我们关注的绝对中心位置。如何才能让学习者尽可能自信、自主，拥有充满生机的、无拘无束的学习热情和兴趣？如何能够使他们团结起来，组成开放式的、充满创造力的学习团队，使驱动这些团队的不再是教学大纲的硬性规定，而是有意义的与生活实际相结合的任务，最好是能够激发丰富的创造力和想象力的任务？如何争取获得最好个人成绩和团队成绩的动力？如何能在完成这些任务的过程中自然而然地萌芽生长？通往世界上全部知识的“大门”已经开放，用不了多久，每一名地球公民都将可以自由地、免费地获取知识，那么，我们怎样才能更好地利用这一进步，就此把我们学习的重点更多地放到转化知识的能力和社会能力上？我们必须将片面的知识教育体系转换成一套全面的能力教育体系，着重培养（终生）学习如何学习的能力、团队能力、同理心能力、企业化思维能力、结合生活实际的能力、远见能力、系统化思维等能力。

我们已经提到过几例在这一领域内实施的创新项目。事实上，教育领域也是阿育王组织目前确定的在德语区内施行社会创新的主要阵地。从根本上重新理解教育正是问题的关键，目前也有丰富多样的教育创新理念已经付诸实施。正因为这些原因，从 2012 年起，创新研究院将教育创新列入了我们的重点课题。

就在同一年，玛格丽特·拉斯菲尔德，很多人心目中极富创新精神的一位学校负责人和教育改革者，出版了一本著作《教育行动：我们打造学校》。2013 年年初，创新研究院和"觉醒中的学校"共同组织了一场全国范围的路演，活动口号是"丢掉挫败感，重获学习乐趣"。巡回路演在 11 个城市举办，每一次活动，讲堂里都座无虚席，共有上万人聆听杰拉德·许特、玛格丽特·拉斯菲尔德和 12 名男女学生组织的演讲，听他们介绍教育体系如何能够在另一种注重潜能发展的理念下最好地运转。这次路演活动引发了强烈反响，遍及整个联邦，成为媒体长达数月的热点话题。

除此之外，创新研究院还将 2013 年远景峰会（Vision Summit）的主题定为“教育行动：21 世纪的教育”。这次大会当即成为全德国规模最大的教育创新会议。从 2016 年夏天起，独立的专门会议教育峰会形成于此——教育行动（EduAction），该会议由创新研究院承办，与莱茵－内卡大都市区合作并共同组织，我们希望将它打造成教育界的全国性尖端会议，讨论在一切领域中终生学习的教育创新问题。

组织上述会议的同时，我们还与大卫 · 迪亚洛组建的在线平台 goodimpact.org 合作，创办了一本关于未来教育的在线杂志 edu-action.de。在此杂志网页上，将不断发表关于教育创新的新闻、报道、特写和故事，这些教育创新项目有的是最新的设想，而有的已经成功实施，所有稿件都由独立的、专注于解决方案的专业新闻工作者采写并审定。数字化的杂志媒体和实体化的专门会议相辅相成、紧密配合，造就了极具众商风格的强大社群。每一位教育创新者和最佳实践（best practice）者，所有的教育机构，以及研究机构和文化机构、基金会、政界、社区、企业、非政府组织、创意者和社会活动参与者，简而言之，所有对我们共同教育理念的未来发展感兴趣的人，都应该有效地利用这两个平台。如果我们希望能够重新思考教育这个问题，就必须突破有限的专业人士群体，进行更广泛的交流。教师们必须加强与辅导员之间的经验交流；企业必须加强与教育创新者的交流；教育部门的行政官员则必须放开与所有教育实践工作者的个人交流，反之亦然。

我们建立的这两个服务于教育行动的平台，尽管首先面对的是德语语言区，但我们的设想是，围绕着生机勃勃的教育创新文化，将它们打造成世界性的学习平台。近年来，最具创新意识的教育理念并不是发源于我们这些老牌工业国家，这绝非偶然。像可汗学院（Khan Academy）、哥伦比亚科学应用与教育基金会（FUNDAEC）或者妇女赋权计划（Women's Empowerment Program）这些代表着未来远景特别成功的教育创新项目，由印度人、哥伦比亚人、尼泊尔人发起，并且均与国际性社群团体有着紧密的联系。世界上的乡村和地区，在以往我们并没有期待过能从那里得到什么有益的启发，而现在，我们必须敞开胸怀，准备好向它们学习。困境带来灵活的改变，效果有时候比任何其他办法都好，这一经验在教育领域也同样适用。

创新研究院从众商角度出发，在教育领域推动的未来愿景就是，让这个国家成为一个真正的教育共和国，一个开展全球交流、承担全球责任的教育创新共和国。

本书后续的几篇文章展示了众商首倡者们针对教育创新尤为深入的创造力和责任心，吉尼西斯创新研究院正在积极地行动，在这个圈子里，我们不是孤军奋战。另外，在过去的几年里，德国广泛的教育领域已经呈现出一派乐于创新的繁荣景象。

第5章 WEQ MORE THAN IQ

Abschied von der Ich-Kultur

杰拉德·许特

发挥潜能的群体

“曾几何时，一位单枪匹马的化学家有可能发现一个新的化学反应，并能借此机会合成一种新型的化合物，因而开拓新的市场，但是这样的时代已经彻底过去了。”

这段感悟出自一位在全球领先的化学公司研发部门负责人之口。他对此还做了些补充，即化学行业近年来似乎已经遭遇所谓的“天花板效应”，在这个领域里，要想出一点新成果，只有通过来自不同专业分支、拥有不同专长的研究人员和开发人员建设性地通力合作。单枪匹马个人奋斗的时代已经过去了，未来唯一的出路只有联合起来共同协作。

无须什么未来学家，我们每个人都可以预言，不仅仅是化学，其他任何一门学科都面临着同样的问题：单独的个人在自己熟知的行业内和自己的专业领域里有可能做出巨大贡献，他能够自发地，或是在旁人的鞭策下形成深刻的见解，做出了不起的大发现。在我们目前这个打着竞争烙印、以绩效为王的社会范围内，也包括我们的大学，这样的例证比比皆是。这些情况主要是个体的才能和天赋，也就是单个人身上与生俱来的潜力得以发挥的结果。

这是一个必不可少的阶段，否则我们永远都不可能知道，一个单个的人究竟能够做到什么：他能跳多远？他能跑多快？他能认识和学习多少东西？他作为个体能够达成的一切？

当然，还是偶尔会有一些地方，仅凭单个人的能力就能走很远，但我们还没有探到那个不合理的边界所在。置身于21世纪，人类未来该如何获取新的认知，可以说完全在另一个层面。如今，更重要的是开发出根植于人类群体中的潜能，只有那些受过良好训练的专门人才和经验丰富的专家自愿组织起来，自主地、开放地进行建设性合作，才有可能真正发挥这巨大的潜力。

像这样个性化的群体和团队当中究竟蕴含着多少潜能，目前我们只是隐隐约约有所感觉。有的时候，它已经显露出冰山一角，我们会看到偶然组成的团队取得了某些极为突出的成果。维基百科就是其中一例，另一例是不来梅德意志室内爱乐乐团。其原因就是在团队运动项目中，这种集体潜能就是众所周知的“团队精神”，间或有所发挥。到目前为止，对于这类“发挥潜能的团体”，它们形成需要哪些前提，让它们巩固下来需要什么条件，我们还知之甚少。

很多人都赞成以下观点。这类群体的组织方式和运作方式类似于人类的大脑，在大脑中对整个系统的效率和能力起到决定性作用的，不是神经细胞的数量或者单个神经元的分化程度，大脑的工作能力是数以百万计的神经细胞共同作用的结果，这些单个的神经细胞互相连接与联结的质量和强度决定了大脑的一切。例如，在人的大脑中，如果杏仁核与海马体互相竞争，它们都企图向对方证明自己更重要、更有意义，那么便会造成糟糕的后果。

同样，在大脑中，一个单独的神经细胞，比如说大脑皮层的一个锥体细胞，只有在未被其他细胞施加压力，被迫仓促地提早分化（differentiation）和特化

（specialization）的情形下，才能发挥出自己的潜能，也就是说，发起无数延伸得很远的拥有数以亿计突触联系的树突分支，以最优化的方式建立起与邻近细胞的连接。另外，在大脑中，一个单独的神经细胞要想维持它与其他神经细胞丰富而复杂的联结状态，只能通过不断地使用、激活这种多样而复杂的联系来巩固自身，利用这种方式让联结趋于稳定。

从原则上来说，与此类似，人类团体中的成员也只有不处于被迫追求专门差异化和专业化的情况下，也就是说没有被迫牺牲其他的可能性而专门训练某个部分的单一能力，才能发挥出其潜能。与大脑中的情况类似，一个群体当中的每一位成员与其他成员之间关系的多样性和复杂性，只有当这种复杂多样的联系不断地被使用、利用，并因此而趋于稳定的时候，才能够继续保持下去。

具体而言，对人类的群体组织来说，如果它们自身的形成是出于压力，如果它们只能依靠相对比较直接的、不太容易出问题的，因而也相对比较简单的人际关系模式，才能保障自己作为群体生存的话，是不可能在它的成员之间建立复杂而多样的人际关系的。换一句话说，一个团体不能在创建之初就面对岌岌可危的生存困境，进而被迫采取简单直接的方法解决人际关系问题。那些处于外部压力下，面对商业竞争和生存威胁而联合在一起的团体（应急组织），就恰恰是这种情况。

与大脑中的情况类似，在一个人类群体中，如果成员之间关系的复杂程度不是因为这一群体谋求某一个固定的具体目标，也不是因为这个群体产生的唯一目的，只是为了达到这一目标的事实而受到质疑，或是索性变得多余的时候，成员之间复杂紧密的关系才能够逐渐形成，并维持下去。否则，将会不可避免地发生那样的状况，每个成员都要遵循这一必须达成的目标，为此，他们必须强化那些有益于达成目标的人际关系，当然也不得不牺牲那些无益于这一目的的人际关系。

如果一个人的整体思维、感觉和行为都被某种特定的想法、某个固定的理念或思路左右，在其大脑中出现的情形就会像狂躁思维或强迫症发作时做出的特别极端的那种表现一样。同样地，一个社会体系，如果向一成不变的集体思想或某种意识形态看齐，就会变得简单，丧失复杂性和创造力。社会中的成员在这些条件下，不得不调整他们之间的关系来适应那个共同追求的目标。一旦达成目标，这类带有强烈目的性的团体绝大多数情况下会迅速瓦解。

在一个群体里，或者在一个大脑中，要是能成功地让每个单独的个体都最优化地发挥蕴藏在其自身的能力，就必须组织多个单独成员之间的协力合作，组织的方式既不能通过压力（“为了能够坚持下去，我们必须共同合作”），也不能通过吸引力（“为了达到我们的目标，我们应该共同合作）。一个群体的形成，必须出于每个成员的自愿，并不是因为我们必须或者应该这样做，而是因为群体的成员愿意去发现并且尝试，自己作为一个独立的人、大家作为一个团体，究竟真正拥有怎样的能力。这样的群体就是发展潜能的群体。

这样的群体会敢于面对一切任务和挑战，所有的任务只有通过大家的共同努力，只有伴随着愉快和轻松的感觉以及由此释放出的创造力，才能得以完成。它给我们带来的“副产品”将会是格外具有创新特色的最好成果，而这正是我们在这个几近终结的个人奋斗者的时代里，已经徒劳地等待了很久的结果。

杰拉德·许特的最新众商项目：潜能发展学院（www.akademiefuerpotentialentfaltung.org）。

第6章

WEQ MORE THAN IQ

Abschied von der Ich-Kultur

乌尔里希·温伯格

设计思维：通往众商模式之路

设计思维，一种在所有的生活领域进行创新发展的理念，过去几年来已经进入很多大中型企业的工作领域，并带来改变企业文化的效应。构成设计思维的3个核心要素彻底地更新了我们的学习和工作模式。处于中心地位的不再是个人，而是团队；工作流程以环状形式展开，而不再沿线性方向流动；工作岗位也不再是个人奋斗的地点，而是成为进行创造性合作的灵活场所。设计思维逐渐远离了以单个人的绩效能力为焦点的方式，将精力放在协同合作、网络化和多样性上，放在团队的创造性成绩上。所以说，设计思维的发展正是离开智商模式，朝众商模式转变的过程。

为什么说这一转变在今天如此重要，超过以往任何时候？因为数字化联网的极大发展以某种方式给网络化的思维和工作提供了机会，迄今为止，人类还从未体验过这样的经历。然而，就在数字化通信技术和信息技术飞速发展和推广的同时，绝大部分时间里我们的思维和行动仍一直处于一个陈旧的模拟模式下，以互不关联的线性分类方式为基础，我把它称作“布罗克豪斯模式”（Brockhaus）。但是，正像布罗克豪斯百科全书历经200多年之后，正在从书架上消失，被信息组织（organization of information）的网络化版本如维基百科或谷歌取代一样，企业和机构中同样类型的现实组织方式也将消失，被网络化的新形式取代，而大多数新的形式必须由我们重新创造。

未来，在一个不断强化联网的世界里，我们将如何共同学习和工作，而设计思维正是我们创造的新方法。一直以来，奖赏体系始终扮演着关键的角色。不管是学校、高等院校还是公司，目前采用的都是奖赏模式，其中绝大部分是对个人绩效的评判和奖励，这种奖励方式非但不能鼓励有效的合作，反而对它有所阻碍。在这一方面，未来几年里我们一定会面临彻底的思维转换。

在波茨坦的设计思维学院里，我们不再采用分数制和学分制。有一个很小的团队，由 4 ~ 6 位来自不同学科、专业的成员组成，这样做的意义在于团队成员的多样化，在于各种不同观点能够互相补充，而不是争相证明自己的个人价值和积极作用。这里不存在针对团队的评价体系和激励机制，团队成员彼此间保持着交流，形成一种轻松而有活力的相处氛围，在合作模式下平等地工作。结果令人不可思议：在解决复杂问题的工作中，团队成员投入的热情和精力远远高于在传统评价体系下工作的团队，最终成果的质量也有显著的提高。

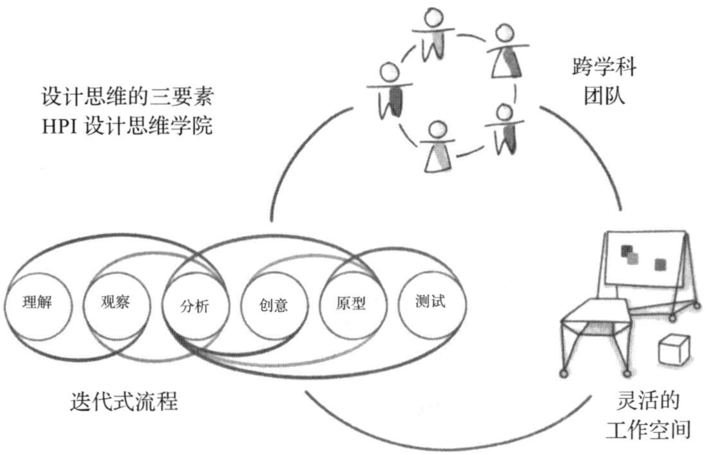

不仅仅是在高等院校范围内，这一认知在其他领域也得到了深入推广。从2016年开始，我们目睹首批国际性大企业彻底地转换自己的激励体系：不再设置个人激励措施，只肯定团队工作和整体成绩。

为了适应这一新形势，人们互相交流和工作所在的空间也必须有所变化。在波茨坦设计思维学院，我们创造了高度灵活的新型工作空间，用来支持创造性工作和专门的团队工作。所有的办公家具都装上滚轮，可以轻松地自由移动——团队能够“呼吸”。大家在自己设计的办公桌前站着工作，这样精神会更加集中，也能提高各自的关注程度，合作中最为重要的灵活性也得以相应提高。

从百科全书式思维到网络化思维，生活当中的一切领域都面临着这一思维范式的变化——从小家庭到大集团公司，从我们的教育机构到邻里社区，直至政治大环境。思维范式从旧有的分离模式转变为新型的联结模式，这一变化我认为可以用智商模式转变为众商模式来完美地描述。在世界各地的巡回演讲中，我有幸听到许许多多人真心地表达出“众商——超越智商”的感受。无论是在中国还是在美国，在土耳其或是瑞典，人们都能迅速领会到这一思维观念的意义和它将触发的改变。

不仅在企业中，而且尤其在教育机构，在福利组织，在非政府组织，在地区性和全国性的政府机构，甚至也包括在公共空间中，我们都需要以众商为中心的新的工作空间和工作方法。在我们这个国家，我们处处都需要众商空间和众商咖啡馆。我们需要在各种不同的地方建立分散化的众商学院和众商实验室。十年后，我们的社会将会往前迈进一大步，“众商”的概念将作为转变思维和行为方式的基本概念，在人们的头脑中扎根。到了那一天，不管是“德国制造”还是“中国制造”，都将变成“众商模式制造”。

乌尔里希·温伯格的项目：波茨坦哈索·普拉特纳学院旗下的设计思维学院（hpi.de/school-of-design-thinking）。

第7章 WEQ MORE THAN IQ

Abschied von der Ich-Kultur

海尔格·布朗宁

众商发展线

柏林艺术大学的5名学生在他们的集体毕业论文中，做了一项关于众商沟通策略的研究。他们在我们几位众商首倡者面前演示了一套坐标系统，其中垂直的坐标轴代表态度，下方是标准规范化的，上方是开放性的。水平坐标轴代表组织形式：左方是多层次的阶层组织系统，右方则是扁平式单层面组织架构。

学生们请我们在坐标系统中为众商模式定位。所有人都在坐标系的右上象限里选择了一个点。我选定了一条从左下方通往右上方的对角线，作为众商发展线。针对来自其他象限的一些诸如评判和支配一类的趋向，我还画出了一个“安全空间”，用来“保护”众商模式象限。

下图所示的众商模式象限来自由两个维度构成的坐标系：多层次等级式（左方）与单层面扁平式（右方）相对，标准规范式（下方）与开放式（上方）相对。利用这个图表，我们能够象征性地展示出许多社会领域中目前正在经历的社会思维范式的变化。

我们可以想象，身处左上象限的是那些儿童，他们不断尝试，不停地犯错，但仍然抱着兴奋的热情和开放的心态在游戏中自由地探索，他们充满好奇心，持续地学习。但是，他们还是必须遵从等级定义，从属于父母和教育者之下，受到教导和管制。

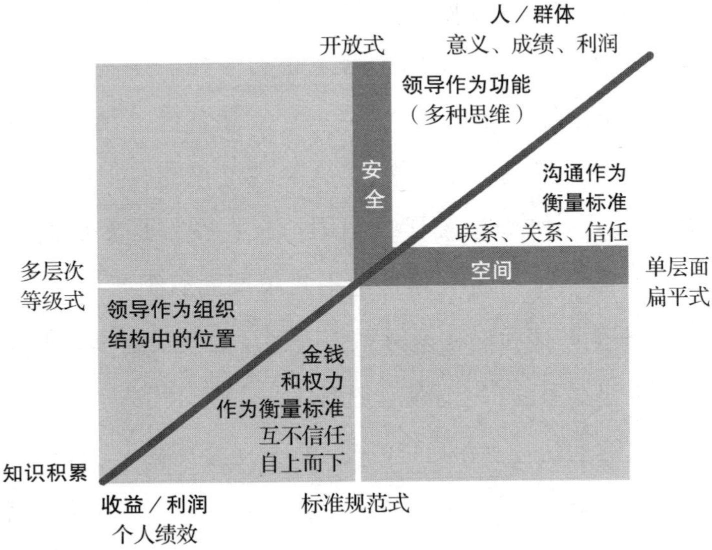

众商模式象限

目前，我们采取的主要还是规范式的社会化教育，左下象限代表的正是这些儿童接受教养的过程，目的是在将来作为一名成年人、一名员工时，能够适应并融入社会系统，能够“正常运转”。这样的教育体系是依照军事化院校的样板来制定的，按照社会的要求将儿童教育成为服从者。教师站在学生前面给予教导，学生们被孤立地当成个体来评判；教学计划由政府部门预先制订。从知识积累和行为举止两方面给学生评分，学生们经过层层筛选，走上预先规划好的职业发展道路。好学生按部就班，符合规范和标准，对层级制度十分敏感，他们能够满足教育者的期望。差学生则相反，他们无法适应这一整套规范，表现得任性、自我。我们社会的组织形式在很大程度上还是依照等级阶层来划分，任务主要还是依照规范由上级指派。我们理解的“领导”绝大多数时候是作为组织结构图中的一个“位置”。金钱和权力则是“衡量价值的标准”。在左下象限中，收益和利润占据着优先位置。而且，在“信任固然很好，管控效果更佳”的口号影响下，一种互不信任的文化迅速地蔓延。领导的方式是自上而下，而恰好是那些具备创造力和愿意承担责任的员工会感觉被操控，无法自主。

处于右下象限里的，我们可以想象，是那些知识分子、艺术家、科学家、自雇人士，不过也包括拥有个人定见的思想家或无政府主义者，他们倾向于摆脱等级制度，不愿顺应规范，但同时远离与他人的开放性沟通，他们只愿意做“自己的事”。

右上象限就是众商的领地。目前，社会体系和组织形式正在从左下象限向着右上象限发展。未来，我们要在一个全球化的世界里解决问题，我们需要的不是一味服从的员工，而是富有创造力的团队。因此，企业的焦点将会改变，从利润至上转移到人的发展上；教育将会改变，从累积知识转变为发挥潜力。

在一个不强调等级制度的环境里，开放的氛围能让等级森严坚不可摧的规范化组织发展成善于学习的组织。此刻，“领导”是整个体系中的一个“功能”，而不再是一个“位置”，因此领导的职能可以由许多不同的人平等地共同完成。领导职位上的人改变了他们以目的为导向的领导方式，转变为以效果为导向。领导关注的不再是如何去计划，而是如何去促成正确的结果，并且鼓励其他人参与这一过程。人们在相互关系中能直接感受并体验到效果，因此要想在众商领域成功地合作，就必须具备处理关系的能力，尤其是必须顶着阻力，积极地、有创造性地消除政治上，官僚主义的屏障，打破人与人之间的隔阂。这就要求我们拥有群体意识和处理冲突的能力，齐心团结。新的“衡量价值的标准”正是沟通、联系、往来和信任。

人们在众商领地平等地共同发展他们的潜能。如果能够尊重不同的观点、看法和利益需求，能够体验多样性，把它当成人类群体的一种财富，那么冲突将会成为学习的良机。如此一来，团队或者群体就能各自带着不同的能力和见解，投身于共同的事业中。

杰拉德·许特一直坚持主张改变学校的组织方式，让学校成为众商的领地，为学生创造在群体过程中发展潜能的机会。有很多学校已经开始这样做了。在此，我想提一提在众商发展线上已经取得了很大进展的两个学校：柏林中心基督新教学校，校长是玛格丽特·拉斯菲尔德女士，以及波茨坦蒙特梭利高级中学，校长是乌尔丽克·克格勒（Ulrike Kegler）女士。在大学里，我们也同样能组织共同的学习。在波茨坦的哈索·普拉特纳学院，乌尔里希·温伯格领导下的设计思维学院就经历了这方面的实践。基金会组织也在沿着众商发展线的方向发生着变化。就我的理解，建立基金会是积极参与公民社会的方式，作为基金创办人，我愿意投入自己的力量，加强社会的合作与参与。

为了支持教师和家长们由“教养模式”转变到“关系模式”，我同领导力基金会（Leadership Foundation）的威尔弗雷德·施莱一起，与巴登－符腾堡州文化部和3家非教派学校合作，共同开发了一套“学习处理关系的能力”项目。我们的基金联合会intus提供学习平台，利用视频形式模拟并形象地展示众商观念和众商能力，让大众能够一目了然，并可以进行训练。我还与阿尔穆特·赛尔肖普（Almuth Sellschopp）一道，为管理人员开发了一套情绪能力的培训计划——从某种程度上说，这是众商的一种基本能力。将众商观念引入公共决策流程也同样重要。布朗宁基金会和沃尔夫冈·科兰克（Wolfgang Klenk）一起创造了一个参与决策过程的新形式：圆桌讨论会，并在全国各地提供相关的进修培训课程。

我们设计了具有众商特点的会议主持方式和参与形式，成功地促使各种人在圆桌讨论会上平等地进行沟通：公民、专家、来自乡镇和社区的负责人、企业界人士和政府部门在坦诚沟通、知无不言的氛围中共同寻找一致的解决方案，充分利用他们各自的回旋余地，共同参与计划的实施。利用这种方式，我们能够对政府部门的线性决策结构做出很好的补充。

伊莲娜 · 阿姆布鲁斯特（Irene Armbruster）领导下的斯图加特公民基金会把圆桌讨论会思路当作“公民基金会的灵丹妙药”，据此，他们在斯图加特成功地制订了现代城市社会的解决方案。其中关于难民问题的圆桌讨论会还在全国范围内得到了表彰。

设计思维流程或者圆桌讨论会这样的群体决策流程都是具备众商性质的活动：我们分享每个人的看法，关注每一个人，但不去任意评价任何一个人。每个人都能利用自己的经验和知识，为解决问题做出贡献。人人都与他人共同学习，同时从他人身上学习，没有人会被过分苛求去做他力所不能及的事情。这个在专业人士引导下的共同合作过程充满了乐趣，给参与者带来能量，赋予他们灵感。这样的过程并不是一团和气的，而是充满了紧张兴奋的、激动人心的深入探讨、辩论和分析，以结果为导向，最终以公共利益为目标的共同议题得以取得进展，在互动的步骤中逐步接近目标。

在团体中与他人合作，需要一种众商的态度：“我愿意跟其他人联系在一起，开放我自己，参与行动，与他人共同学习，并从其他人身上学习，我愿意做出我的贡献，加入某项更伟大的事业，以期改变这个世界。”在众商模式下，领导工作突变成该过程中的一项功能，负责引导这一过程的人起初并不清楚这个过程将把大家引向何处，因为所有的人都在平等的基础上积极参与。因此，很多人必须首先脱离那种规范的、等级森严的标准化模式。要想能充满自信地贡献出自己的想法和见解，我们必须满怀信任，敢于让他人接受自己原原本本的模样。

众商仍是新鲜事物，有违惯例。我们需要专门的众商场所，这些地方能给人们带来安全感，我们要邀请并引导人们加入协同合作的行列。在这些场所中，每个人都可以确信自己的价值不会被评判，而是被重视；自己不会被教导，而是被关注；自己不会被指责，而是被尊重；自己的观点不会被操纵，而是被他人分享。

作为基金创办人，我建立了两个以众商模式运行的场所：沃桑岛（Wasan Island）和帕雷茨（Paretz）学院。在那里，和谐的自然风景和历史的余韵，以及恢宏大气的建筑形式合而为一。那里的空间布置风格独特，宁静祥和，向客人传递着一种宾至如归的感觉。尤为值得称道的是当地接待客人的东道主，他们营造了一个情绪上的“安全空间”来支持协同合作。

在图表中，众商象限里的“安全空间”用深灰色的条形区域显示。在这个“安全空间”里，东道主和团队的任务就是通过自己的鲜明态度来保护众商领地，抵抗等级式和规范化思维的引力效应的影响。

“我懂得更多，我更重要，我拥有更多金钱、更高的地位、更大的影响力，我要实现自己的想法，因为我知道什么是正确的。”这是传统的竞争理念，与之相比，众商则是一个更人性化的选择。有关适用于上述场所的众商引导模式，我们还将设立新的研究项目，继续开发相应的领导策略。

海尔格·布朗宁的众商项目和众商场所：

沃桑岛（Wasan Island），www.wasan-island.de；

帕雷茨学院（Paretz Academy），www.helga-breuninger-stiftung.de/paretz-akademie；

关系学习，www.intushochdrei.de；

圆桌讨论会，www.runde-tische.net；

斯图加特公民基金会，www.buergerstiftung-stuttgart.de。

第8章 WEQ MORE THAN IQ

Abschied von der Ich-Kultur

大卫·迪亚洛

众商交流天地

如何才能将对众商的理解生动鲜活地传递给广泛的公众群体？本人计划的重要任务之一就是，专门为此开发辅助性的媒体工具。

做这件事最早的动因是彼得·施皮格尔（Peter Spiegel）2014年3月的一篇小论文，发表于此前不久刚刚启动测试阶段的在线平台goodimpact.org，这大概可以说是为了响应众商基本思路而做的初步试探。来自在当时来说还非常小的读者圈子的反馈十分强烈。众商描绘了一个崭新的大趋势，它几乎反映在所有围绕社会创新、开放源代码和社会企业等核心理念的单一新趋势中，这一观点在Good Impact平台的社群中得到了高度关注和支持。

作为众商的倡议者，我们在第一时间决定把众商主题作为当年9月即将举行的远景峰会（Vision Summit）的总议题。事实上，与会的800人当中，发表专题报告的近50人无一例外地谈到了这一趋势，并表达了他们的支持态度。这个任务已经摆在我们面前，自这一刻开始，我们要从广度和深度两方面进一步发展众商模式。制定深化众商理解策略的任务由团队中的其他成员承担。本人则将重点放在研究广泛推进战略上。由于众商这一思路背后的整个观念系统与我目前进行媒体关系研究的侧重点几乎完全一致，这意味着我的任务实际上是完全延续我目前从媒体战略角度出发的思考，如果要说有所不同的话，那就是现在必须与众商哲学紧密地结合起来。

我们的团队信心百倍，以众商为方向，把在线平台 goodimpact.org 发展成了“为美好生活和社会变革服务的平台”。我们的目的是尽可能将广泛的、多样化的人群引领到一个地方，在那里，大家成功地找到了与个人相关的力求改变的动力。与之相结合的三个核心目标就是：提供信息、赋予灵感、积极行动。

“提供信息”这一目标的重点思路是打造一个类

似“德新社 2.0”（DPA 2.0）[一]的体系，并在这个系统中尽可能吸收更多合作伙伴。他们把经过专业处理的、以解决方案为中心的优质信息从他们自己的社群带到一个面对更广大公众群体的平台上，他们的影响范围扩大到了新的目标群体，因而从中获益。与此同时，他们也能从这个囊括更大群体的平台上吸收合适的信息，服务于他们自己的目标群体和平台。作为这一构想的初步试验，我们开发并打造了经济类杂志 *enorm* 的在线网页，即 enorm-magazin.de，并在“德新社 2.0”层面建立了一个平台，即 goodimpact.org。enorm-magazin.de 这个平台在很短的时间内就被人们称为“社会变革领域的明镜在线”，事实上，《明镜在线》[二]也的确经常转发刊载于 enorm-magazin.de 上的文章。与此同时，我们也开始进行一系列的试点，为多种多样的社会创新理念建立专属频道，其中包括 GEXSI、B-Corp 和 WeQ。

“赋予灵感”这一目标的核心思路是，在“好活

[一] 全称德意志新闻社或德国新闻社（德语缩写为 DPA），是德国的官方通讯社，也是世界大通讯社之一。总部设在汉堡，在德国 50 多个城市设有分社，在全球 80 多个国家派驻记者或聘用撰稿人。旗下涉及包括新闻出版、电台、电视台、网络及移动电话等多个领域。——译者注

[二]《明镜》周刊的网络版。——译者注

动”（Good Events）名下，广泛、全面地提供能够激发灵感的活动，促进社会变革。在 goodimpact.org 以及它的合作网站上，这一服务已经成为一个自身快速增长的领域。通过把 goodimpact.org 网站的核心内容“好新闻”（Good News）与“好活动”（Good Events）结合起来，利用 goodimpact.org 网站的新闻世界，在这里介绍的活动能得益于受众群体范围的广泛性和目标受众群体的精准性。反过来说，由于能就近获取信息，因此能及时报道刚好与新闻相匹配的、顺势举行的激发灵感的活动，新闻板块的吸引力也因此上升，同样获益匪浅。

如果没有最终成功地“实施”这一目标，社会变革终究只是纸上谈兵，并不能带来更多东西。如何才能尽可能将更多人各自采取行动的决心与“好新闻”提供的思路结合起来呢？很简单，利用“好工作”（Good Jobs）这一服务平台，介绍有意义的工作：从不计报酬的义务工作、实习工作，到公民社会机构、政府部门或者企业中的固定岗位工作，前提是这些机构已经深刻理解了社会和企业变革的重要性，这一中介服务正是积极行动的可持续形式。除此之外，这一服务对所有的参与者，对那些寻找和提供有意义的工作的人来说，都意义非凡：提供岗位的一方能在新闻和活动的影响范围内找到最积极、最有动力的人，而寻找工作的一方也特别乐于使用这一服务。正因为这些原因，goodimpact.org 网站的“好工作”板块一经启动，便被众人看好，前景大有希望也是意料中事。

另外，我们还将整合进来更多广受欢迎的实用服务项目，激励全面的社会变革。这些服务产品正在开发当中，其中一例就是“好搜索”（Good Search）。每次从 goodimpact.org 网站首页出发点击的互联网搜索命令，都将直接激活一笔数额极小的捐助款项，受益者是经过甄选的合作伙伴挑选出的社会创新和社会项目。通过这种方式，“提供信息”和“积极行动”之间得以建立起真正的联系。

这样一来，在 goodimpact.org 网站，以及所有与之联网的频道和合作伙伴的平台上，就产生了一个独立自主的媒体和服务世界，沿着众商文化改革的路径，为所有社会领域的变革服务。对个人来说，您向这个激动人心的世界迈出的第一步，同时也是充满意义，极具价值的一步，便是将 goodimpact.org 网站设为您访问互联网的首页。您也可以选择与之相链接的另一个频道 WeQ.works 网站作为首页，在这个网站上，我们将不断提供一切围绕着众商创意发展的最新信息。

大卫·迪亚洛的众商项目：

goodimpact 在线平台，www.goodimpact.org；

好工作在线平台，www.goodjobs.eu；

众商在线平台，www.WeQ.works；

教育行动在线平台，www.edu-action.de。

第9章
WEQ MORE THAN IQ
Abschied von der Ich-Kultur

玛丽安·奥伯米勒

我们如何学习众商

如何才能将众商思想输入经济和社会当中？到底应该怎样学习众商，让这种方式融入生活，尤其是如何能够将众商理念付诸实施？这是我初次遇见彼得·施皮格尔时向他提出的问题。

2007年我结识了彼得·施皮格尔，当时，他描述的远景令我无比兴奋。正是他触发了我的行动，让我想要把自己超过18年的商界经验引入社会企业领域。我的新目标不再是更快、更高、更远，而是带给整个社会一种能保持下去的众商思维模式，将经济与社会创新结合起来，在健康、教育、技术创新和社会创新等领域进一步推动有意义的项目。

吉尼西斯创新研究所和由此开始的众商运动在前进过程中面对的目标，正与我2009年创办的“地出管理”（Earthrise Management）如出一辙。出于这一原因，我在2015年毅然决定将“地出管理”更名为吉尼西斯企业创新（Genesis Business Innovation），希望把不同的力量整合在一起，同时在实践中体验共同合作将如何带来更好的成果。

几年前，我创造了一个概念，叫作“精神上的气候变化”。在我看来，一个人想要改变世界之前，首先要从自己身上开始改变。我们必须首先在关注和相互尊重的基础上，发展一种新的共同相处的众商能力，因为如果是独自一人，在个人奋斗模式下单打独斗，这一点很难实现。

过去几年里，我的经验表明，同心协力会做得更好，在众商模式下，我们能够更迅速、更有创造力地实现许多目标，但当一些新的机会突然出现的时候，我们作为单独的个人，也许根本没有清楚地认识到它，或是无法付诸实践。正是在如今这个时代，我们已经无法完美地计划任何事情，一切都以难以想象的速度发生着变化，不管是在私人生活中，还是在生意场上，我们能够互相信任、互相依赖，变得无比重要。我们的思维结构仍然一直禁锢在过去几百年的固有模式中，还抱着这样的错觉念念不忘，以为凭自己的分析判断力能够继续俯瞰这个世界，一切尽在掌握，但是这已经行不通了。已经是时候建立一整套完善的理念，将人类、自然和所有的生物放在中心位置，让一种共同的众商思想充满生机地发挥作用。那么，如何才能达到这一目标呢？

创办一所众商学院的思路是重中之重，这是第一个任务。这个想法从一开始就出现在众商基金会倡议圈的议题当中。圈内的倡议者们首先向公众提供了一系列有益的选项，包括设计思维、关系学习，潜能发展和更多其他的项目。这些项目还能够并且应该逐步超越目前的范围，得到进一步扩展。在众商网站 WeQ.works 上可以找到所有相关信息。在这个项目中，我所理解的自己的任务是为企业提供机会，推动并引导它们参与行动。

第二个任务则涉及在经济界创办“学习群体”（Learning Community），即在企业内部的活动和发展过程中以及企业分担社会责任的过程中学习众商的思维和行动模式。我们把这一群体命名为“众商企业家网络”（WeQ Entrepreneurs Network）。这个名称并不代表某种荣誉或者头衔，而仅仅表明一群希望学习的企业界人士汇聚一堂，对于这一行动，众商有何意义。

为了实现这一目标，第一步就是识别出那些实践众商思维的模范项目，主要在文明社会领域，不过也包括经济领域。众商基金会（WeQ Foundation）已经开始着手进行这一任务，寻找这类最佳实践项目，并将搜索的结果公布在 WeQ.works 网站上。

第二步则是经验交流，首先是在企业界内部活跃的圈子当中互相交流，其次是与那些开展典型众商项目的社会创新者进行交流，再次是与所有来自其他领域的已经开始参与众商文化转变行动的同行者们交流。为了完成这一目标，“吉尼西斯企业创新”支持创新研究院和众商基金会，共同开发并实施更多相关活动形式。

第三步，将众商企业家网络发展成一个主动出击的行动平台，内容是共同创造众商意义上的新型商业模式。

就我个人而言，除此之外，我还可以引入由“地出管理”开发并经过检验的一些工具，例如像“巧克力公益”这样的项目，以及类似的项目。“巧克力公益”项目里实现的销售额有 20% 流入了创新性的社会项目。这个项目本身在生态和社会可持续性方面确立了新的标准。把堪称典范的生态社会标准和向社会创新项目提供高额转移支付的行动结合起来，这个思路取得成功之后，针对新的产品和服务，还将有更多的同类商业模式被开发出来，并付诸实施。

来自众商企业家网络，并且能为众商思维提供有益的实施案例的商业模式，并不一定要亦步亦趋地遵循这个样板，它们完全可以自由发挥。这关键在于它们能在企业界内部，并从企业界出发，为一种全新的思维和行为模式提供有说服力的范例。企业必须尽早学会认识和理解新的思维。这样一来，我们才有充分的理由相信，正是在企业界，人们将会抱着尤为真诚的态度来接受众商概念。

玛丽安·奥伯米勒（Marianne Obermueller）的众商项目：

吉尼西斯商业创新，www.genisis-businessinnovation.org；

巧克力公益，www.schokolade-hilft-immer.de；

地出社会，www.earthrise-society.org。

第10章

WEQ MORE THAN IQ

Abschied von der Ich-Kultur

戴特莱夫·古尔特勒

打造众商的延续性和兼容性

众商是一个起点，但它是许多起点当中的一个。众商是一次尝试，通过此次尝试，人们希望此刻就能打开一扇通往新世界的窗。对这个新世界的模样，我们不甚了了，但是我们心知肚明，它一定会到来，而且它一定与我们目前身处的这个世界完全两样。这样的窗口开得越多越好——总会在某扇窗外，一个新的世界已经拉开序幕。

我们仍然身处于一个奇特的过渡阶段，我觉得把它比作德国的三月革命前时期最为贴切。当时的人不会把自己生活的时代称作三月革命前时期，因为他们根本就做不到，因为它得名于1848年三月革命，而三月革命事件在过渡阶段之后才发生。一个历史时期被盖上某个印记，但是印记并非来自这期间发生的事件，而是来自这之后才出现的某件事。我认为今天同样如此。我们刚亲历不同历史时期的终结：20世纪于1999年末正式终止，全球化的金融资本主义随着2008年世界性金融危机画上了句号。但是，能为正在降临的新时代命名的下一个重大事件，却仍未到来。

已经有人做过一系列尝试，希望能够抓住下一个征兆。以技术为出发点，有人看到从数字化浪潮到奇点理论的种种可能；从政治角度出发，从庞大帝国理论直至干脆取消国家的观点都有各自的拥趸；分别以生态学、经济学、心理学、社会学、宗教，当然还有某些神秘的角度为出发点去考虑，很多趋势都有可能昭示人类社会的下一步走向。众商这个概念能与很多理念相匹配，事实上，它能与上述所有理念兼容——这是众商的优势，也是它的弱点。

众商的核心概念是“我们”，也就是群体。这个概念一方面相当老旧，无人不知，但另一方面又被不断地重新定义。现在，我们面临的正是一次重大的定义转变，其规模和程度等同于当时工业革命带来的变化。工业革命前，大多数人的生活中只有村庄和家庭这样的群体。后来，这两者当中的内在关系遭到了彻底摧毁，或是严重破坏，取而代之出现了大城市、大企业、大型群众组织、政党、工会——这些新的社会组织形式都是人们在这之前并不需要的。目前，数字化和全球化的浪潮已经开始对绝大部分这样的大型组织存在的合理性提出了质疑，这将导致类似于工业革命前时期的那种社群形式重新回归。我们将会回归村庄和家庭模式，只是意义完全不同了。脸书的朋友圈就可能具备村庄特征，而初创公司的员工集体也能满足某种家庭功能。这是有可能，但并不一定必须如此。有别于 17 世纪的村民们，我们面前的问题是：是什么构成了一个群体？更准确的问法是：是什么构成了这个群体？

就单个的群体而言，弄清楚这个问题相对而言还不算困难，但是如果考虑到所有群体的总和，问题就变得复杂起来，因为我们面对的简直可以说是“ We 的 50 道阴影”。“我们”这个词从语言的角度来说，就已经是个有意模糊的概念。“我们”的意思可以是“我们俩”，代表着伙伴或者配偶关系，“我们”可以作为家庭，“我们”可以是班级，“我们”可以作为大学里同专业的同学，“我们”作为同事，“我们”巴伐利亚州，“我们”德国，“我们”西方国家，“我们”基督徒。一个人可以从属于几乎无穷多的群体，更何况并没有什么硬性规定，我们到底可以在多大程度上依赖这样的群体，社会的正常运转受限于法律和其他可以强制执行的固定规则，而群体早就无法随时满足这样的功能了。

在这一点上，众商倒是能够给我们提供可信度——作为社会关系中的一种价值尺度和衡量标准，它能让决策过程变得更轻松，减少了复杂性。这就像智商是知识社会中的一个重要的衡量尺度、谷歌网页排名是数字化世界的衡量尺度一样。我们还没有一个类似的、大家普遍认可的尺度来衡量社会关系的质量。在目前的环境下，我们必须不断调整自己，适应新局面里的新人、新事，而从前作为安全护栏伴随左右的大型组织却已经不再存在，我们需要的正是这样的标准尺度。我们需要的是，它能够担保那个意图与我们分享公寓或汽车的人不是个混蛋；能够担保酒吧的占边威士忌酒瓶里倒出来的确确实实是占边威士忌酒；能担保那个给我们提供一份工作的中介是个诚实的中介。

衡量关系质量和 / 或群体能力的标准尺度就可以叫作众商。它也许并不像智商的高低那样，能用一个确定的数值来表示，它是个变量，取决于各种不同的人际关系，以及不同的场合、不同的目的和事件。它也有可能是个数值，以证书的形式发给个人，或是由我们的数字化助理在每一秒钟，根据每个具体场景重新来计算。很有可能出现这样的情况，点威士忌的时候，那个酒馆老板当时的众商至少要达到 75，我的人工智能助手 Siri 或者沃森（Watson）才会跟他讨价还价，低于这个值的话，他根本就不值得信任。不过，要是他的众商超过 140，那我的 Siri 根本不会再同他啰唆价格的事情了，因为 Siri 知道，这个价格一定是公平的。而在另外一方，同时进行着一模一样的过程——如果我在这件事情上特定的众商超过了 140，酒保会毫不迟疑地给我斟上占边威士忌，因为他很清楚，这个公平的价钱，我是真的会付。

像这样的解决方案，哪怕我们只是想要接近它，也需要许许多多创造性和破坏性的创新，以及相当长的时日。所有参与其中的人都有可能遭遇无数绊脚石，或是误入歧途，而且还有可能冒出我们目前根本想象不到的新参与者。就在 2000 年人们为移动互联网的UMTS许可付出了上百亿元的时候，难道你当时能够想得到，电信行业大公司竞标的结果是，一家名叫“苹果”的硬件制造商成了最大的赢家？这不可能。

众商是一个起点。是许许多多起点当中的一个。这个概念越能延续，就越具有兼容性，到了最后，它真的能做出一份贡献的机会就越大。

第11章 WEQ MORE THAN IQ

Abschied von der Ich-Kultur

艾丽莎·赫尔茨勒、德宝拉·特劳茨、扬·提尔特格斯、盖瑞特·拜尔斯多夫和莫娜·布鲁伊曼

一个众商童话

现在时候到了，老国王死了，他把王位传给了他的长子，也就是王子。多年以来，王子一心向学，他不但完成了学业，还练就一身格斗术，堪称文韬武略。如今，他担起统治整个王国的重任，他很快就会发现，要想坚持自己的目标，并同时与他的子民保持亲近，这并不简单。

就这样，一年过去了，又一年过去了。尽管在他的统治下一切和平，但是年轻的国王仍然察觉到民间的隐隐怨气，因为他的决策导致了一些不公平。尽管他感觉自己力强势大，遵循着他父亲的道路，可是到了夜里，他独自待在寝殿的时候，对自由和自主的渴

望会一点点袭上心头，渐渐强烈。他在早年求学的日子里，相信自己曾经体验过自由的滋味。当年，他坐在湖畔，沉浸在他的书本中时，人们待他那么友善。如今，他们面对他的时候，充满了敬畏和尊重，甚至似乎有些惧怕他。一夜又一夜，他抱着这样的思绪进入梦乡，但是他真的不知道，自己还能用什么别的方式来治理这个国家。

一天清晨，年轻的国王在市集广场上闲逛，宫廷小丑轻轻拍着他的肩膀："早安，陛下！怎么了，为什么您这么闷闷不乐地发呆？是新国王的公务太繁忙？是那些贱民太让您操心了？"

"别烦我，你这个小丑！你要是再说一个字，今晚就到牢房里过夜去吧！"

"牢房！牢房！您还能赏我点儿别的吗？怎么回事？总是这副不开心的模样！为什么您就不能跟我聊两句，我说的不是实话吗？这么一位进步的年轻国王，可还是不懂什么叫'我们'。罢了，就这么回事儿。"

"我们，什么玩意儿？尽是些蠢话。我愿意跟谁说话，我自己说了算。"

"哈弗兰的公主也是这样的，是啊，就是的，可大家都喜欢她、爱戴她，她跟每个人都说话。她跟您的做法不同，而且她从来不像这样，一副恶狠狠的样子盯着别人。可一个小丑说的话又怎么会引起您的兴趣呢？”

“怎么不同？”年轻的国王问道。

“对啊，哈弗兰的公主，她的做法不一样，她把手下最聪明的‘脑袋瓜’都集中起来，组成参议会，在那里做决定。强的扛着弱的，每个人都能照自己的样子幸福地生活。是啊，是啊！她在那儿干得挺好啊，那个公主。”

“统治得挺好，还挺幸福，废话连篇，荒谬！”

“嗯，没错，陛下又搞不懂了。陛下看样子可能不知道什么叫团结一致，也不认识什么有见识的人吧！我这个人怕是已经惹恼您了。可怜的小丑啊，我们的国王。可怜的小丑，可怜的小丑！”宫廷小丑不停地取笑着，围着国王蹦来蹦去。

“你最好告诉我，在哪儿能找到这位公主。我必须知道，这个地方到底有什么特别的”，国王压低了声音答道。

“哦，您想去拜访她，这位英俊的国王，明白，明白。我能得到什么赏赐？小铃铛？小丑需要新铃铛。那好吧，您听着……”

晨光熹微，年轻的国王策马启程。“我想要亲眼看一看，一位公主，跟每个人交谈，与她的人民共同治理国家”，他边走边想着。他满腹疑惑，又十分好奇。或许真的存在另一条路、另一种做法，小丑提到的“我们”，他禁不住想了又想。可是再怎么绞尽脑汁苦苦思索，他还是没能领悟其中的意思。

天色将晚时，他抵达了哈弗兰的那个小村庄。街面上熙熙攘攘，热闹非凡，尽管人们看见他穿着金线织就的锦袍，却仍敢不给他让开道路，他们根本就没同他说话，好像他就是他们当中的一员。

“你好，陌生的年轻人，赶了很远的路对吗？你看上去挺累的，跟我来吧，马上就开饭了，跟我们一道吃晚饭吧”，他正把自己的马拴在小酒馆前面的时候，一个年轻女人对他说。

“我不能允许您用这种腔调……呃，我毕竟是……”飞快地，他想起了小丑的话。

“是的，是的，你是个国王，这我自己看出来了。就因为这个，我不能请你吃饭吗？”村妇大胆地反问。

“嗯。”国王想了想。“能，当然能。非常感谢。那您是？”

“我是这里的公主。那就快来吧，我们已经迟了！”

错愕之际，他半信半疑地跟她走了，不过，他们并没有去王宫的餐厅，而是走进了一个巨大的谷仓。

年轻的国王几乎不敢相信自己的眼睛：所有的人聚在一起，围着一张长长的餐桌，年轻人和老年人、病人和健康人、僧侣和学士、仆妇和农夫。角落里，一大堆火熊熊燃烧，人们互相斟酒布菜，美味佳肴之外，还有精致的葡萄酒和上好的啤酒。

他们二人落座之后，公主热情地说：“这位是新朋友，一位远道而来的年轻国王，大家周到些，好好招待他！来，祝大家吃得开心！”

然后，就这样一直到深夜，人们有说有笑，倾吐自己的忧虑和困境，也谈论喜悦和美好的事情。年轻的国王听得入了迷，不由自主地被深深吸引。他再次回忆起那些轻松的日子，回忆起曾经与兄弟们一道在小酒馆里度过的时光，想当年他们如何一同想些鬼主意、策划个恶作剧。

“那您，嗯，那你，呃，你在这儿就是……你怎么会这么做的？”

“唉，好吧，”公主说，“我就是厌倦了一个人，那么孤独，那么难过。要是我周围充满了怨气和猜疑，我怎么能做个快乐的人呢？”

年轻的国王沉默不语。

“你到底为什么来这儿，你肯定是路过吧，对吗？”

“我希望，其实我是想知道，这……”

“知道我们在这儿是怎么生活的？我们是作为一个群体生活的，你不是看到了！”

直到午夜之后，他上床就寝的时候，这句话仍在他的脑海中久久回响。

第二天一早，随着公鸡的第一声啼叫，他醒了过来——他明白了！他想发表演说，他要在自己所有的臣民面前发表一通讲话，他必须向大家细细地解释。是的，不管用什么方法，他必须让每个人都明白，这个“我们”意味着什么。把这些东西写下来倒是难不倒他，他有这个天分，可是该怎么让这出戏成功上演？恐怕他办不到。他决定在这个非比寻常的村子里再待上几天，但愿他能知道该怎么说。年轻的国王留了下来，在“我们”当中学习这一切的意义，然而他很快就发觉，他没有足够的语言来描述这一切。

他该怎么办呢？把大家都召集过来？不，现在他知道了，他必须把这种感觉传达给他的子民。创办一个参议会、建一所谷仓，让大家都有机会在“我们”当中学习。他决定向公主和她的顾问们请教，他们一定能帮助他。明天，国王这样想着，明天他就回家去，跟他的臣民们一起，好好想想怎么样共同生活，共同治理国家。要是他们现在还没有死去的话，这两个地方的人今天还活在“我们”当中。

第12章 WEQ MORE THAN IQ

Abschied
von der Ich-Kultur

众商转折中“我”的位置

希望本书能够提供给读者有用的信息，激励并促进读者行动——为大家提供关于一种极为根本的充满希望的大趋势存在的信息；激励每一个人深入这个大趋势丰富多彩的世界，把握机会；促进每个人参与行动，有效利用并共同创造众商文化转折和众商实践项目。

如果你已经获取了足够的相关信息，并跃跃欲试；如果你在问自己，现在能够如何积极地行动起来，为了自己，也为了将众商发展成为一股力量，而全面改变我们周遭的环境，我们的社会和文化，那么下面这个简单的提示清单也许能给你一些帮助。

获取信息

在现实生活中，我们每个人时时刻刻都与媒体密不可分，尽管众商趋势已经蓬勃发展，众商精神的实施也已经出现了许多典范的案例，但是目前的主流媒体并没有特别关注众商世界频频传来的佳音。我们当然无法摆脱这股新闻洪流裹挟而来的信息和观点，我们需要它们在私人层面和职业领域能与这个世界接轨。但是，如果在此之外我们还愿意去理解和学习更新的、更好的、更重要并且更有意义的理念和解决方案，并将它付诸行动，希望每天都能有所进步的话，有一步是至关重要、无法省略的：我们至少必须获得同样比重的、来自崭新的众商世界的消息和动力。为此，我们第一个最重要的推荐就是：

将关于美好生活和社会变革的在线平台 goodimpact.org 设为我们进入互联网的首页，并向你所有的朋友推荐这一做法。

激发灵感

如何利用众商世界提供的动力、项目和人物来更好地激励“我”自己，激励“我”的朋友、熟人和

“我”的职业圈？在此，我们的推荐同样是连通一个信息渠道，利用它，每个人都可以随时获知众商世界里每一个最新的灵感和项目：

登记订阅 WeQ.works 网站的新闻动态（Newsletter）——你可以及时获悉众商团体和社群提供的活动、研讨会、出版物以及聚会信息。

促进行动

在本书中，我们提到了一些由众商首倡者发起并推动的具体项目，在 goodimpact.org 和 WeQ.works 网站上，你还能找到很多其他符合众商标准的项目和创意。每个人都应该认真地考虑，是否愿意参与一个现有的项目，或是更希望独立发起一个新项目，或者和朋友合作。

此外，众商群体内部也在不断形成新的网络，大家可以加入并积极参与活动。“众商企业家网络”只是其中一例，goodimpact.org 和 WeQ.works 网站也会报道所有相关的进展状况。如果你需要我们为你推荐合适的众商人际网络，请垂询：

吉尼西斯创新研究院（更多信息请参见网站 genisis-institute.org）和众商基金会（WeQ Foundation）。

作者介绍

海尔格·布朗宁博士（Dr. Helga Breuninger）

心理学家，企业咨询专家和基金创办人。在主持由她父亲创办的布朗宁基金会之余，她自己又创立了海尔格·布朗宁基金会以及帕雷茨基金会，为系统化的解决方案开发了一系列广泛多样的活动。除此之外，她还创办了海尔格·布朗宁咨询公司，一家为企业的继任管理提供咨询服务的公司。她还与威尔弗雷德·施莱（Wilfried Schley）教授一起创立了基金联合会 intus，致力于打造类似于人际关系学习这样的培训项目。她出版了多部著作，并且是众商基金会的联合创办人和信托资产管理人之一。

大卫·迪亚洛（David Diallo）

一位成功创办了多家企业的企业家，他早先在 IT 领域工作，目前则活跃在社会企业和社会变革领域。

他是社会出版公司（Social Publish Verlag）的经理人，旗下出版并发行了 *enorm*、*Werde*、*Wald* 和 *So gesund* 等多种杂志，也是 Impact Partner 公司的经理人，这家公司建立了 goodimpact.org 和 goodjobs.eu 这样的为社会变革服务的在线平台。他也是创新研究所和众商基金会的创办人之一。

戴特莱夫·古尔特勒（Detlef Guertler）

一位经济类新闻记者，他服务的新闻媒体包括 *Cash Flow*、《经济邮报》和商业经济杂志 *BrandEins*，他还是《日报》的博客专栏作者。从 2008 年开始，他一直担任苏黎世圣爱都特维勒学院（Gottlieb Duttweiler Institute）旗下享有盛誉的《思想先锋》杂志 *GDI Impuls* 的主编。他是多部著作的作者和众商基金会的创始人之一。

杰拉德·许特博士、教授（Gerald Huether）

哥廷根大学神经生物学教授。他是许多科学专著的作者，以及多部科普类畅销图书的作者。他是一位著名的主题报告演讲人，并且是多个顾问委员会的成员；他也是“变化中的学校”项目和众商基金会的创始人，他还创建了潜能发展学院。

玛丽安·奥伯米勒（Marianne Obermueller）

她最早是工业领域一名成功的企业家，随后转入社会企业和社会创新领域。她创办了“地出社群”（Earthrise Society），以及德国第一家社会企业孵化公司，这家公司目前在吉尼西斯企业创新的名下开展工作。她还成功地进一步发展了由美国前总统贝拉克·奥巴马的姐姐奥玛·奥巴马创办的奥玛·奥巴马基金会。她是创新研究院旗下商业发展部门的创建人和负责人，以及众商基金会的创始人之一。

彼得·施皮格尔（Peter Spiegel）

一位未来学研究专家。他曾担任著名的智库布达佩斯国际俱乐部的秘书长。他是吉尼西斯社会创新和影响力战略研究院的创办人和领导人，是远景峰会（Vision Summit）以及教育峰会教育行动（EduAction）的创始人和负责人。他写作并出版了超过 25 部著作，同时担任许多顾问委员会的职务。他是众商基金会的倡议者和创始人之一。

乌尔里希·温伯格教授（Ulrich Weinberg）

他是波茨坦大学哈索·普拉特纳学院设计思维学院（Hasso Plattner Institute at the University of Potsdam）

的院长，以及中国传媒大学客座教授。他还担任德国质量协会（German Association for Quality）（德国制造）的理事会成员，是多种出版物的作者，他最近的著作是《网络思维》（*Network Thinking*）。他还是众商基金会的创办人之一，并担任众商基金会主席一职。

华章经典·管理

书名	作者	ISBN	价格
科学管理原理（珍藏版）	（美）弗雷德里克·泰勒	978-7-111-41732-3	30.00元
彼得原理（珍藏版）	（美）劳伦斯·彼得 等	978-7-111-41900-6	35.00元
管理行为（珍藏版）	（美）赫伯特 A. 西蒙	978-7-111-41878-8	59.00元
组织（珍藏版）	（美）詹姆斯·马奇 等	978-7-111-42263-1	45.00元
总经理（珍藏版）	（美）约翰 P. 科特	978-7-111-42253-2	40.00元
权力与影响力（珍藏版）	（美）约翰 P. 科特	978-7-111-41814-6	39.00元
马斯洛论管理（珍藏版）	（美）亚伯拉罕·马斯洛 等	978-7-111-42247-1	50.00元
Z理论	（美）威廉·大内	978-7-111-42275-4	40.00元
经理人员的职能（珍藏版）	（美）切斯特 I. 巴纳德	978-7-111-42276-1	49.00元
福列特论管理（珍藏版）	（美）玛丽·帕克·福列特	978-7-111-42775-9	50.00元
工业管理与一般管理（珍藏版）	（美）亨利·法约尔	978-7-111-42280-8	35.00元
战略管理（珍藏版）	（美）H. 伊戈尔·安索夫	978-7-111-42264-8	40.00元
决策是如何产生的（珍藏版）	（美）詹姆斯 G. 马奇	978-7-111-42277-8	40.00元
戴明的新经济观（原书第2版)	（美）W. 爱德华·戴明	978-7-111-45355-0	39.00元
组织与管理	（美）切斯特·巴纳德	978-7-111-52690-2	40.00元
转危为安	（美）W. 爱德华·戴明	978-7-111-53046-6	69.00元
工业文明的社会问题	（美）乔治·埃尔顿·梅奥	978-7-111-53285-9	35.00元

推荐阅读

麦肯锡方法

中文ISBN：978-7-111-29271-5 定价：30.00元

英文ISBN：978-7-111-55482-0 定价：45.00元

麦肯锡工具

中文ISBN：978-7-111-28355-3 定价：32.00元

英文ISBN：978-7-111-55483-7 定价：45.00元

麦肯锡传奇(双色印刷 珍藏版)

ISBN：978-7-111-30375-6 定价：39.00元

麦肯锡意识

中文ISBN：978-7-111-29272-2 定价：35.00元

英文ISBN：978-7-111-55605-3 定价：45.00元

书号	书名	定价
978-7-111-54743-3	麦肯锡采购指南	35.00
978-7-111-54921-5	麦肯锡的数字业务安全策略	45.00
978-7-111-54934-5	麦肯锡大数据指南	45.00

明茨伯格管理经典

(加) 亨利·明茨伯格 著

管理至简：以实践为根基实现简单、自然、有效的管理

ISBN：978-7-111-46815-8 定价：39.00元

管理大师明茨伯格最新作品，专为陷入繁忙境地的管理者提供的有效管理方法

管理者而非MBA（珍藏版）

ISBN：978-7-111-31707-4 定价：48.00元

管理者的正确修炼之路，管理大师明茨伯格对MBA的反思

MBA教育能够给你什么，不能给你什么，告诉你成为一个合格的管理者，该怎么修炼

管理和你想的不一样

ISBN：978-7-111-39878-3 定价：36.00元

管理大师明茨伯格剥去科学的外衣、挑战固有的管理观，为你揭示管理的真面目

战略历程：穿越战略管理旷野的指南（原书第2版）

ISBN：978-7-111-38600-1 定价：59.00元

管理大师明茨伯格经典著作全新再版，实践战略理论的综合性指南

明茨伯格管理进行时（珍藏版）

ISBN：978-7-111-31549-0 定价：42.00元

继德鲁克之后最伟大的管理大师，明茨伯格历经30年对成名作

《管理工作的本质》的重新思考

明茨伯格论管理（珍藏版）

ISBN：978-7-111- 31945-0 定价：48.00元

明茨伯格深入企业内部，观察其真实的运作状况，以犀利的笔锋挑战传统管理学说，全方位地展现了在组织、结构、权力和政策等方面的智慧

战略过程：概念、情境与案例（原书第5版）

ISBN：978-7-111-55900-9 定价：89.00元

"殿堂级管理大师、当今世界优秀的战略思想家明茨伯格战略理论代表作，历经4次修订全新出版。"

战略过程：概念、情境与案例（英文版·原书第5版）

ISBN：978-7-111- 56947-3 定价：99.00元（估）

明茨伯格提出的理论架构，是把战略过程看作制定与执行相互交织的过程，在这里，政治因素、组织文化、管理风格都对某个战略决策起到决定或限制的作用。

推荐阅读

马歇尔·麦克卢汉（Marshall McLuhan）

20世纪“最重要的思想家”
继牛顿、达尔文、弗洛伊德、爱因斯坦和巴甫洛夫之后最重要的思想家
法国人为他创造了一个词“麦克卢汉式的”
《连线》在创刊号的刊头上封他为“先师圣贤”
《花花公子》破例为他刊载几万字的《麦克卢汉访谈录》

麦克卢汉为媒介理论、传播学和跨学科研究留下了一笔丰厚的遗产。只要互联网继续演进，人们就会怀念他，只要媒介演化还在继续，人们对他的研究就不会停止。

媒介即按摩：麦克卢汉媒介效应一览

ISBN：978-7-111-54824-9 定价：40.00元

媒介与文明

ISBN：978-7-111-54825-6 定价：40.00元

指向未来的麦克卢汉：媒介论集

ISBN：978-7-111-54993-2 定价：45.00元

余韵无穷的麦克卢汉

ISBN：978-7-111-55024-2 定价：50.00元